LA RUEDA DE LOS
8 MIEDOS
DEL EMPRENDEDOR

Guía práctica para reconocer y superar el
miedo a emprender

CELIA SOONETS

Derechos de autor

Descargo de responsabilidad:

El libro "Los 8 miedos del emprendedor" proporciona información y consejos basados en la experiencia y conocimientos del autor con el fin de brindar orientación a los lectores. Sin embargo, el autor y los editores del libro no asumen responsabilidad alguna por las consecuencias derivadas de la aplicación de los consejos presentados en este libro, los cuales son de naturaleza general y pueden no ser adecuados para todas las situaciones individuales. El autor y los editores no se hacen responsables de ninguna pérdida, daño o lesión que pueda surgir directa o indirectamente como resultado de la utilización o interpretación de los consejos presentados en este libro. Los lectores asumen la responsabilidad total de su propia conducta, decisiones y resultados obtenidos a partir de la información proporcionada en este libro. El contenido de este libro no pretende reemplazar ni sustituir el asesoramiento profesional, médico, legal o financiero.

Primera edición, 2023

Contenido

PUERTA DE ENTRADA

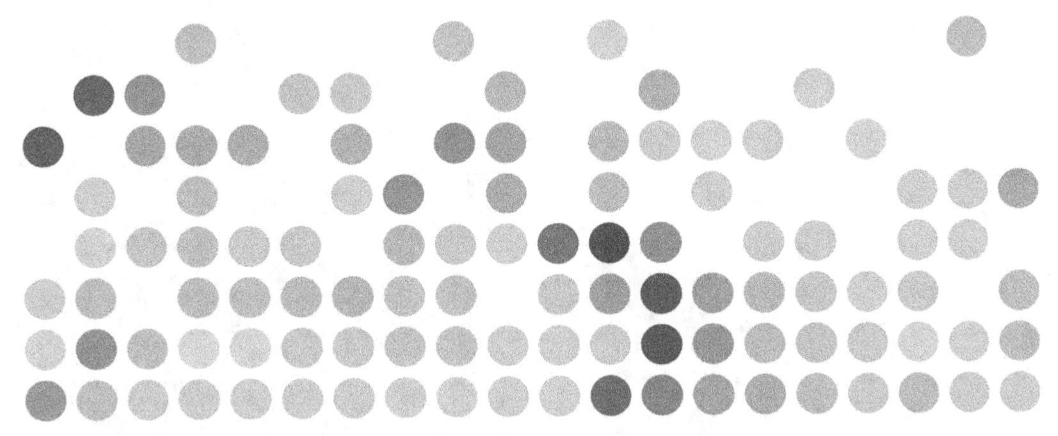

Comencemos por aceptar y destacar tres premisas básicas, concretas y absoluta e indiscutiblemente reales:

1. Todos, sin excepción, hemos sentido miedo alguna vez en nuestro pasado.

2. Todos, sin excepción, continuamos sintiendo miedo, mucho y muchas veces, en nuestro presente.

3. Todos, sin excepción, seguiremos sintiendo miedo en nuestro futuro.

Todos los seres humanos (de hecho, todos los seres vivos) sentimos miedo. Siendo una emoción tan universal, básica y, valga acotar, imprescindible, el miedo cuenta con una inmerecida mala fama. Histórica y culturalmente, se nos ha enseñado que sentir miedo es signo de debilidad. En nuestros procesos de socialización nos han contado que sólo los cobardes tienen miedo, que los valientes nunca lo sienten. Y, en consecuencia, hemos aprendido a sentirnos mal y hasta culpables cuando nos enfrentamos al miedo; aprendemos a esconderlo, a disimularlo, porque no queremos correr el riesgo de exponernos al escrutinio público.

Y esto es un error garrafal, porque, al contrario de lo que mucho se piensa y dice, es positivo, precavido y conveniente sentir miedo. El miedo es absolutamente necesario.

Repite conmigo: El miedo es absolutamente necesario.

No quiero que con esto te hagas la idea de que yo pienso que todos debemos vivir en un constante estado de temor, o que es saludable y provechoso vivir asustados. El miedo es una emoción que por fuerza nos ocurre a todos en algún momento, pero puede ocurrir con poca frecuencia, y puede aparecer por episodios temporales muy cortos. De hecho, así suele ser. Cuando se instala en nosotros en cuerpo y alma, con alta intensidad o como un estado permanente, entonces ya se convierte en un estado que requiere tratamiento profesional.

El problema no está en sentir miedo. Como ya te he mencionado, te insisto ahora que sentir miedo algunas veces es bueno, ventajoso y hasta puede asegurar la supervivencia, pues puede funcionar como una señal de alerta, evitando que tomemos decisiones equivocadas y arriesgadas que pueden ponernos en peligro. **El problema comienza cuando ese miedo nos paraliza, cuando se convierte en un impedimento para movernos y avanzar.** El contratiempo aparece cuando no entendemos ese miedo y, en consecuencia, no sabemos cómo plantarle cara.

Al miedo hay que darle la bienvenida. Cuando llega, lo que tenemos que hacer es aprender a identificarlo y, sobre todo, a entenderlo, para poder atajarlo, controlarlo, dominarlo y superarlo, si es posible, o aprender a convivir con él, si no es posible vencerlo.

Nota importante:

El miedo acerca del que conversaremos en este libro se refiere a esos episodios más bien temporales, que son normales y pueden ser controlados sin ayuda profesional, utilizando ciertas estrategias. Si entiendes, luego de leer este libro, que los miedos que tú sientes son de naturaleza más permanente, muy intensos, o te resulta muy dificil identificarlos o controlarlos, te invito a que contactes a un psicoterapeuta especializado, que pueda ayudarte adecuadamente. Este libro no pretende en modo alguno sustituir la ayuda de profesionales del área de la psicología clínica o la psiquiatría, quienes pueden darte un apoyo especializado, si lo necesitas.

Luego de esta aclaratoria, volvamos al tema que nos ocupa: el miedo. En particular, el miedo a emprender o el miedo que enfrenta el emprendedor.

Los emprendedores, como seres humanos que somos, también sufrimos miedos. Muchos miedos. Miedos que son muy específicos y hasta intrínsecos a la propia naturaleza de la actividad de emprendimiento. Sentimos miedo desde antes de tomar la decisión de emprender. Sentimos miedo a lo largo del camino. Incluso sentimos miedo cuando tal vez decidimos terminar o cerrar nuestro negocio. Ningún emprendedor puede presumir de haber atravesado el camino del emprendimiento sin haber sentido miedo en algún momento del trayecto.

Quizás como emprendedor puedas pensar que estás solo en la travesía. Es posible que creas que sólo tú navegas en esos desconcertantes miedos. Tal vez, cuando evalúas a otros emprendedores te da la impresión de que ellos no tienen los mismos miedos que tú enfrentas. Déjame darte una noticia: aun aquellos emprendedores que lucen como más seguros y a quienes no imaginas atemorizados, han sentido que les corroe el miedo en algún momento de su emprendimiento.

Sin embargo, lo que diferencia muchas veces a los emprendedores que logran alcanzar el éxito de aquellos que se quedan rezagados, es el haber desarrollado la capacidad de entender su miedo, procesarlo, superarlo y, a la postre, utilizarlo como palanca, como herramienta para el crecimiento y desarrollo de su negocio. En lugar de quedarse paralizados y agazapados a causa del miedo, estos emprendedores han logrado utilizarlo como una catapulta, como un impulso, como una poderosa motivación para alcanzar sus metas.

Así las cosas, si te interesaste por este libro, si decidiste abrirlo, probablemente es porque sientes miedo. Y por eso te aplaudo, porque formas parte de ese grupo de valientes que saben, al menos, reconocerlo como una emoción que experimentan. Este solo hecho ya indica que tienes el deseo e intención de entenderlo, controlarlo y aventajarlo.

Si eres emprendedor y sientes o has sentido miedo, este libro está pensado especialmente para ti. Para que no te sientas solo. Para que sepas que muchos emprendedores (me atrevo incluso a decir, todos los emprendedores) están pasando por lo mismo, han atravesado los mismos túneles o en el futuro pasarán por miedos similares.

Existe un estereotipo según el cual el empresario es alguien ambicioso y arrogante, motivado únicamente por el éxito y la riqueza, que dedica largas horas de trabajo a su negocio, a veces por encima de las emociones y las consideraciones más "humanas". Sin embargo, a pesar de ese cliché, tú y yo bien sabemos que los emprendedores somos personas que, si bien es cierto que luchamos por nuestras ideas y trabajamos muy duro para alcanzar el éxito de nuestro proyecto, al mismo tiempo tenemos preocupaciones, dudas y dilemas. En el recorrido nos enfrentamos a un mundo emocional intenso, con incertidumbres y altibajos. Y, como seres humanos que somos, y a causa de los niveles de riesgo e incertidumbre que involucra la actividad empresarial, nos exponemos con frecuencia a situaciones que nos producen algún nivel de miedo.

Con este libro, quiero ofrecerte herramientas que te ayuden a entender tus miedos como emprendedor. Quiero ayudarte a desarrollar estrategias que te ayuden a superarlos y a avanzar en tu negocio, a pesar del miedo. Espero te resulte de mucha utilidad y contribuya positivamente con el éxito de tu emprendimiento.

El libro está estructurado en cuatro partes. En la Parte I conversaremos acerca de qué es el miedo, desde el punto de vista de diversas disciplinas que lo han estudiado, y sobre cuáles son sus manifestaciones. También entenderemos las razones por las cuales los emprendedores sentimos miedo. Y para cerrar, te presentaré el modelo conceptual que he desarrollado para entender el miedo del emprendedor.

Ese modelo conceptual partió de muchas clasificaciones que encontré en mis investigaciones. Encontré teóricos que proponen desde dos o tres miedos básicos, hasta quienes se refieren a más de veinte. Inicié con un sencillo ejercicio que consistió en listar y organizar todas las clasificaciones de miedos que hallé. Los agrupe según sus similitudes en significado y manifestación. Con este ejercicio de análisis teórico, desarrollé un modelo que propone 8 miedos básicos que puede enfrentar el emprendedor. Cada uno tiene un origen y una manifestación diferentes y puede ser superado con estrategias específicas. El miedo surge inicialmente cuando nos enfrentamos a un cambio, a algo que nos asusta por desconocido. Cuatro de esos ocho miedos que componen mi modelo son miedos a que ocurran cambios "externos" al mismo individuo, o miedos a que "ocurran" cosas. Los otros cuatro los he definido como miedos a experimentar cambios "internos" en la persona o, lo que es lo mismo, miedos a "sentir" cosas.

Luego de desarrollar este modelo teórico, decidí validarlo mediante una investigación, que llevé a cabo entre marzo y mayo de 2023, entre 206 emprendedores de 16 países diferentes. Los resultados de este estudio me permitieron afinar mi modelo inicial, mejorarlo y, además, cuantificar la importancia relativa de cada uno de estos 8 miedos.

En la Parte II, profundizaremos en los cuatro miedos a cambios externos: el miedo a las pérdidas económicas, el miedo a los cambios en las reglas del juego, el miedo a la competencia y el miedo a los problemas operativos. Explicaremos pormenorizadamente en qué consiste cada uno, cómo se manifiesta en el diario quehacer del emprendedor y analizaremos posibles estrategias para superarlos. Al final de cada capítulo que explica cada uno de estos miedos, encontrarás una guía útil de referencia para poder tomar acciones que te ayuden a identificarlo, diagnosticarlo, manejarlo y superarlo.

En la Parte III, nos adentraremos en los cuatro miedos a cambios internos: el miedo a sentirse incapaz, el miedo a sentirse fracasado, el miedo a sentirse incómodo y el miedo a ser juzgado. Como en la segunda parte, explicaremos en qué consiste cada uno, cómo se manifiesta en la tarea cotidiana del emprendedor y, claro está, analizaremos estrategias para bloquearlos y no permitir que nos avasallen. También, al final de cada capítulo que explica cada uno de estos miedos, encontrarás la guía de referencia para tomar acciones que te ayuden a ponerle nombre y apellido y dejarlo atrás.

La Parte IV es tu "caja de herramientas". Este libro pretende ser un instrumento útil para ti. No sólo te permitirá aprender acerca de los miedos, sino que también te ayudará con dos asuntos primordiales:

1. Poder identificar cuáles de todos los miedos de los que hemos conversado te afectan más en este momento de tu emprendimiento.

2. Poder preparar un plan de acción para rebasarlos.

Cada emprendedor puede sentir alguno, o algunos, de los miedos considerados en el marco conceptual. No necesariamente nos enfrentamos a todos. Al menos no en el mismo momento. Es posible que, debido a nuestra forma de ser o por el tipo de emprendimiento que tenemos, nunca lleguemos a sentir uno de ellos y que, sin embargo, nos agobie siempre otro. Es importante que aprendamos a identificarlos, para poder enfrentarlos y dominarlos. En esta última sección aprenderemos, entonces, a reconocer los diferentes miedos que podamos llegar a sentir. En la caja de herramientas te ofrezco un conjunto de ejercicios que te permitirán identificar tus miedos y trazar un plan para combatirlos con éxito.

Puedes revisitar esos mismos ejercicios de evaluación en futuras oportunidades o en relación con decisiones específicas que hayas de tomar en algún otro momento. El miedo es un ente vivo, dinámico y evoluciona contigo. Puede crecer o reducirse y puede mutar en función del momento específico que viva tu emprendimiento. Es por ello que la evaluación que hagas cuando llegues a esta parte del libro no necesariamente será igual a la que pudieras hacer si la repites el próximo año, una vez que las condiciones de tu negocio hayan cambiado.

La idea de este libro es que sea una guía utilitaria. Espero que su lectura te ayude a hacer tu plan (sí, tuyo) y a tomar decisiones específicas, concretas y asertivas. Por ello, en el último capítulo te propongo una metodología y un formato que te ayudarán a estructurar un plan estratégico de acción que pueda contribuir a minimizar tus miedos y así incrementar y potenciar las probabilidades de éxito de tu emprendimiento.

Como ya te comenté, para muchos de nosotros resulta vergonzante reconocer que albergamos algún miedo. Tanto es así, que en muchas ocasiones no sólo nos negamos a revelarlo frente a otros -por evitar ser juzgados- sino que ni tan siquiera nos atrevemos a pararnos frente al espejo y reconocerlo en la intimidad de nuestro propio diálogo interno.

En este preciso momento en que te dispones a leer este libro, te invito a que descartes cualquier prejuicio que tengas acerca del miedo. Te conmino a que dejes de lado esa tan errada convicción de que sentir miedo te hace frágil y débil. El primer paso para superar cualquier situación compleja o adversa es aceptarla y entenderla. De modo que más bien dale la bienvenida al miedo. Haz de él un aliado en tu devenir como emprendedor. Pero, advertencia, solamente invítalo a tu mundo como un socio que te hace más precavido, un sistema personal que te hace oportunas llamadas de alerta. Jamás lo utilices como un líder que oriente tus pasos. No le des más poder del que ya tiene.

El miedo puede ser un mal consejero. Las decisiones que tomamos cuando estamos controlados y hasta secuestrados por el miedo podrían ser equivocadas y conducirnos por veredas erróneas. Cuando tomamos decisiones desde el miedo, nuestro enfoque se concentra en minimizar los riesgos de posibles consecuencias negativas, y no en maximizar las oportunidades de crecimiento y éxito. Es eso lo que me inspiró a escribir este libro. Para ayudarte a reconocer tus miedos como emprendedor y aprender a superarlos, para que tu toma de decisiones ocurra desde una base de las oportunidades y no desde los miedos que te pueden hacer flaquear.

Espero disfrutes la lectura y que estos pensamientos te ayuden realmente en tus decisiones prácticas en el emocionante y fascinante ejercicio de emprender.

PARTE I
EL MIEDO

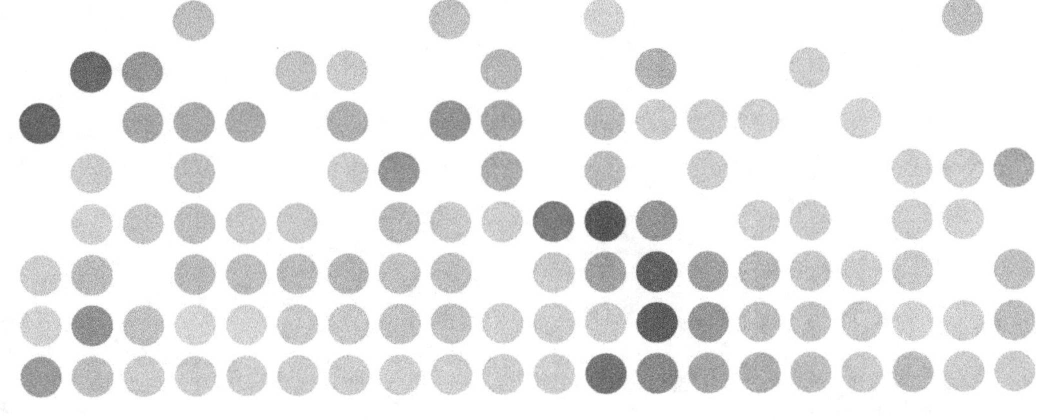

Capítulo 1
¿Qué es el miedo?

"Tener miedo es parte de estar vivo.
Acéptalo. Camina a través de él"

Robin Sharma

En este primer capítulo nos zambullimos en lo que es realmente el miedo. Para ello, partamos de lo básico.

El Diccionario de la Real Academia Española (RAE) define el miedo como: *"Angustia por un riesgo o daño real o imaginario"*. Cita una segunda acepción: *"Recelo o aprensión que alguien tiene de que le suceda algo contrario a lo que desea"*.

A partir de estas dos definiciones formales de nuestro idioma, podemos concluir que el miedo es una emoción que se manifiesta en forma de angustia y aprensión. Es decir, es una emoción de naturaleza desagradable.

Por otro lado, estas dos definiciones nos indican que el miedo es una sabia respuesta que se produce ante un peligro inminente. Es esa emoción desagradable que sentimos cuando nos preocupamos ante la posibilidad de un acontecimiento peligroso, penoso o malo, que está ocurriendo o podría ocurrir. De hecho, es una respuesta adaptativa del organismo que nos prepara para evadir o enfrentar posibles daños.

El miedo es un mecanismo de prevención, una inteligente respuesta del organismo cuyo sentido y propósito es asegurar la supervivencia. Al alertarnos de una situación potencialmente peligrosa, nos ofrece la oportunidad de reaccionar y ponernos a buen resguardo o accionar para enfrentar un ataque. Si el miedo no existiera, estaríamos indefensos, nos expondríamos de forma abierta a muchos más peligros y de hecho nuestra propia integridad física correría riesgos innecesarios.

El miedo no es voluntario, pero nuestra respuesta hacia el mismo puede educarse

Resulta en extremo importante entender que el miedo es una respuesta autónoma del organismo. El miedo no es una reacción que producimos voluntariamente; se produce automáticamente ante un estímulo. Ese estímulo puede ser un evento exterior (cosas que pasan) o también un evento interior en nuestro organismo (cosas que sentimos o el pensamiento que anticipa que ciertas cosas puedan pasar). De modo que la respuesta de miedo no sólo se produce ante eventos observables y objetivos, sino que también puede ocurrir ante eventos que no son reales, pero que se perciben como tales o, más aun, que imaginamos como posibles.

El hecho de que sea una respuesta autónoma, no voluntaria, del organismo, significa que no tenemos necesariamente control acerca del momento y circunstancia en que ocurre. No podemos pedir -y tanto menos ordenar- a nuestro organismo que sienta miedo, pero si podemos, por ejemplo, pedirle a nuestro organismo que mueva el brazo para alcanzar la taza de café. El movimiento del brazo hacia la taza de café es voluntario y podemos controlar cuándo y cómo queremos hacerlo. La reacción de miedo escapa a nuestra voluntad y no podemos controlar cuándo queremos que aparezca.

Sin embargo, dicho esto, es muy importante comprender que es posible desarrollar control sobre cómo nos comportamos para enfrentar y superar el miedo, una vez que éste se hace presente. De allí la relevancia del tema de este libro, pues puede ayudar, con herramientas, para habilitar ese control. Si no fuera posible tener algún tipo de freno sobre nuestros miedos, carecería de sentido y lógica el contenido que te ofrezco. El miedo es controlable y la respuesta al miedo puede educarse.

Repite conmigo: Mi miedo es controlable y mi respuesta al miedo puede educarse.

Definición psicológica del miedo

Dado que el miedo es una emoción, y las emociones son objeto de estudio de la psicología, vamos a entender a continuación la definición del miedo desde el punto de vista de esta disciplina.

Definición Psicológica del miedo, según el Diccionario de psicología de J.P. Chaplin: *"Fuerte reacción emocional que involucra sentimientos de desagrado, agitación y deseo de huida o búsqueda de escondite".*

Desde la perspectiva psicológica, el miedo implica una experiencia subjetiva. Como veremos en detalle en el próximo capítulo, esta experiencia involucra reacciones fisiológicas, cognitivo/emocionales y conductuales. La psicología se interesa en particular en descifrar los procesos cognitivos y emocionales del miedo, así como de entender los estímulos sociales, ambientales y culturales que pueden desencadenarlo y modularlo. Desde el punto de vista clínico, la psicología se ocupa también de entender y resolver los trastornos relacionados con el miedo cuando éste es extremo, difícil de controlar o afecta el normal desenvolvimiento de las actividades regulares de la persona.

En nuestro caso, siguiendo este hilo de pensamiento, con este libro vamos a concentrarnos en entender los procesos cognitivos y emocionales que afectan el desempeño del emprendedor. Igualmente, trataremos de comprender los estímulos sociales, ambientales y culturales que afectan las probabilidades de gerenciar con éxito nuestro negocio. Y, con base en ello, vamos a proponer algunas estrategias que permitan reeducar nuestras reacciones al miedo y rediseñar nuestra conducta, para permitir que nuestra actitud y proceder favorezcan la toma de decisiones correctas para el aprovechamiento de las oportunidades de negocio.

El miedo: esa emoción básica

El miedo es una de las emociones básicas, es decir, primaria. Cuando hablamos de emociones primarias nos referimos a aquellas que nos son innatas y universales a los seres humanos y se manifiestan de forma similar en todas las culturas. De hecho, no sólo son innatas y universales en los seres humanos sino en todos los seres vivos.

Diversos autores han estudiado las emociones. Una de las teorías más completas y conocidas sobre este tema es la "Rueda de las emociones" de Robert Plutchik (1980). De acuerdo con el modelo de este autor, existen 8 emociones básicas. Estas emociones pueden presentarse en diversos grados de intensidad y pueden también combinarse, formando lo que él denominó emociones avanzadas.

De acuerdo a los planteamientos de Plutchik, las 8 emociones primarias, básicas o innatas son, incluyendo el miedo, las siguientes:

1. **Alegría**: sensación de bienestar, felicidad y satisfacción.

2. **Confianza**: creencia firme de que se puede actuar sin peligro de daño.

3. **Miedo**: sensación de temor o ansiedad que surge ante una amenaza o peligro.

4. **Sorpresa**: sensación de asombro, desconcierto y estupefacción ante algo inesperado.

5. **Tristeza**: sensación de pesar, desánimo y dolor emocional.

6. **Aversión (o Asco)**: sensación de repulsión y rechazo ante algo desagradable o repugnante.

7. **Ira**: sensación de enfado, irritación y furia.

8. **Anticipación**: claras expectativas sobre lo que va a ocurrir.

Las combinaciones en pares de estas emociones básicas dan lugar a emociones más complejas, que Plutchik denominó emociones avanzadas. Por ejemplo, el Miedo combinado con Sorpresa, genera Susto, mientras que el Miedo combinado con Confianza genera Sumisión. Igualmente, cada una de las emociones pueden presentarse con diversos grados de intensidad, generando a su vez nuevas emociones. En el caso del miedo, cuando se trata de una emoción de baja intensidad se conoce como Temor; cuando es de alta intensidad es Terror. De esta forma, tenemos entonces un espectro de emociones complejas todas derivadas del miedo. Estas emociones básicas y avanzadas son un punto focal para explicar el complejo comportamiento de los seres humanos.

Cómo se genera el miedo en el organismo

La respuesta emocional asociada al miedo se caracteriza por una sensación de tensión, ansiedad y/o temor, acompañada de activaciones fisiológicas y conductuales, que nos preparan para huir del peligro o para enfrentar una situación que juzgamos como una amenaza a nuestra seguridad.

La emoción del miedo se forma en el cerebro. Se dispara cuando se recibe información acerca de estímulos que se perciben como amenazantes. Esta información llega a una parte del cerebro que se conoce como la amígdala. Esta es una estructura pequeña que se ubica en el cerebro, específicamente en el lóbulo temporal, y es la encargada de procesar la información de género emocional. La amígdala es una estructura clave en el procesamiento del miedo y es considerada el centro emocional del cerebro. Junto con otras estructuras, -el hipotálamo, el tálamo, el hipocampo, la corteza cingulada y la ínsula- forma parte de lo que se conoce como el sistema límbico, que es el encargado de regular las emociones, con función crucial en los asuntos del aprendizaje y la memoria.

No es mi deseo entrar en detalles de la fisiología cerebral. No es tu interés con este libro, ni presumo de que esa temática sea mi área de experticia. Empero, intentaré ilustrarte en lenguaje sencillo cómo funciona en relación al miedo:

Cuando nos exponemos a un estímulo potencialmente amenazante, esta información llega a la amígdala. Si la amígdala detecta peligro, activa una respuesta de miedo, que incluye liberación de hormonas de estrés, aceleración del ritmo cardíaco y preparación para una conducta de respuesta. Esta información pasa de la amígdala a otras estructuras. Por ejemplo, activa la corteza prefrontal -que se ocupa de la toma de decisiones y la regulación de las emociones- y también pone en "on" al hipocampo, que se ocupa de la memoria y la contextualización de la información. De esta forma, aprendemos que ciertos estímulos son peligrosos y conservamos este aprendizaje en la memoria, para que en futuras oportunidades actuemos de la misma forma, o nos preparemos para enfrentarlos.

Y de esa manera se forma un ciclo del aprendizaje de la respuesta frente al miedo (Figura 1):

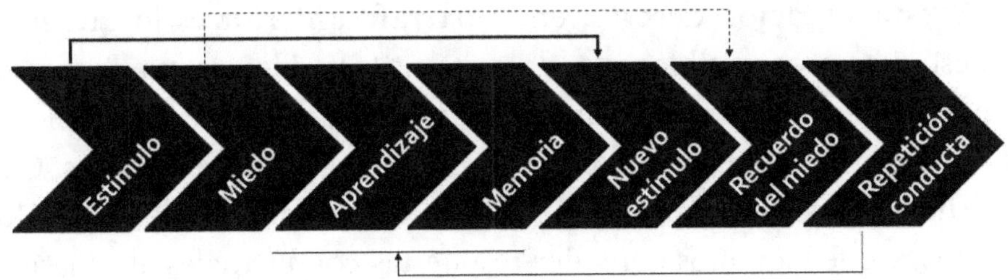

Figura 1 – Aprendizaje de la respuesta frente al miedo

El aprendizaje del miedo

Como puedes ver, nuestro cerebro procesa la información, aprende que ciertos estímulos son peligrosos y los almacena en la memoria. Así se constituye en un sistema de adaptación y supervivencia para el organismo. Recordemos que la única meta del miedo es asegurar la supervivencia. Aprendemos a sentir miedo ante ciertos eventos y repetimos esta conducta cada vez que aparecen, hasta que en algún momento cambiamos este aprendizaje por un aprendizaje nuevo, registrando en nuestra memoria una respuesta alternativa o diferente ante ese estímulo.

Aunque el miedo es una respuesta autónoma del organismo, la respuesta conductual que desarrollamos al exponernos al miedo se aprende. Eso es una excelente noticia. Significa que, sin importar cuán arraigado pueda estar un miedo en nuestra memoria, con las técnicas adecuadas podemos "desaprender" o cambiar el aprendizaje de respuesta hacia ese estímulo, sustituyéndolo por una respuesta adaptativa, que nos permita aventajar adecuadamente ese miedo. Para ello, es indispensable que logremos identificar las diversas partes de ese ciclo de aprendizaje y memoria. Que aprendamos a identificar qué origina ese miedo, cómo se manifiesta en nosotros de forma particular, y cómo solemos reaccionar para que, conscientemente, podamos aprender nuevas estrategias para enfrentarlo, o apliquemos nuevas formas de reaccionar.

Y esta situación descrita en el párrafo anterior es lo que hace que este libro sea posible y pueda serte útil. La idea es que logremos identificar cuáles son los estímulos que generan respuesta emocional de miedo en nosotros, en nuestra actividad como emprendedores. Que identifiquemos nuestras actuales respuestas conductuales hacia los mismos, y que logremos aprender respuestas conductuales alternativas, que nos permitan reaccionar de forma más adaptativa. ¿Ya vas viendo cómo se hila la posibilidad de una estrategia para superar tus miedos a emprender?

En síntesis, el miedo es un mecanismo de adaptación del organismo, parte de nuestro sistema de defensa. Desde el punto de vista biológico, es un elaborado y muy competente modelo de supervivencia de los organismos. En términos neurológicos, supone la activación de la amígdala en el lóbulo temporal. En lo psicológico, es un estado afectivo y emocional que genera angustia. Y socialmente, implica elementos culturales que nos llevan en ocasiones a aprender a sentir miedo hacia ciertos estímulos, porque en nuestra cultura se nos ha enseñado a sentir miedo hacia ellos. Lo cierto es que tendemos a repetir o reproducir los patrones culturales y sociales específicos del entorno en que nos desenvolvemos. Esto nos lleva a cuestionarnos si todo miedo es aprendido, o si existen miedos innatos en los organismos.

El miedo es una respuesta natural y adaptativa del cuerpo ante situaciones potencialmente peligrosas. Algunos miedos, como el que podemos sentir ante los ruidos fuertes, o a las alturas, pueden ser innatos y estar presentes desde el nacimiento. Estos miedos son parte de los mecanismos de supervivencia básicos que se han desarrollado a lo largo de la evolución para proteger a los seres vivos. Están presentes no sólo en los seres humanos, sino también en los animales. Nacemos con estos miedos "precableados" para poder sobrevivir.

Pero buena parte de los miedos que experimentamos son aprendidos. Nos son enseñados o se desarrollan en nuestra psique a partir de experiencias personales e influencias culturales y también como consecuencia de los mensajes que recibimos de nuestra familia, nuestros amigos y conocidos y de la sociedad en la que hacemos vida. Por ejemplo, el miedo a las arañas puede haberse aprendido al ver a otros reaccionar de manera negativa a estos animales, o por alguna experiencia traumática en nuestro pasado consciente o inconsciente.

Es importante tener en cuenta que, aunque algunos miedos puedan ser innatos, el cómo reaccionamos a ellos y la intensidad de nuestra respuesta pueden estar influenciadas por factores externos, aprendidos y aprehendidos. Además, por fortuna, esos miedos innatos pueden desaparecer o disminuir con el tiempo y con la exposición a las situaciones temidas. En cualquier caso, es posible superar los miedos aprendidos a través de la exposición gradual y controlada a esas situaciones que nos atemorizan, y también con la ayuda de un profesional de la salud mental capacitado en estos menesteres.

¿Qué tipos de miedo existen?

Karl Albrecht, en su libro Inteligencia Práctica (2015), propone una teoría según la cual existen 5 miedos primarios. De hecho, construye esos 5 miedos en forma piramidal, desde el más básico hasta el más complejo, en modo similar a la muy reputada pirámide de las necesidades humanas de Abraham Maslow (1943).

Según el modelo propuesto por Albrecht, los cinco miedos primarios se definen como sigue:

1. **Miedo a la extinción.** Es el miedo más fundamental, la base de la pirámide. Es el miedo a dejar de existir, a la muerte.

2. **Miedo a la mutilación.** Es el miedo a perder una parte fundamental de nuestro cuerpo. El miedo a perder un miembro o un órgano, a quedar desfigurado.

3. **Miedo a la pérdida de autonomía.** Es el miedo a perder la capacidad de ser libres.

4. **Miedo al abandono.** Es el miedo a quedarnos solos, a perder nuestras relaciones sociales.

5. **Miedo a la muerte del ego.** Es el miedo a exponer nuestra esencia, nuestra identidad. Este es el miedo que está al tope de la pirámide.

Los tres primeros miedos son, según Albrecht, automáticos y de supervivencia. Estos miedos sería incluso desaconsejable tratar de eliminarlos por completo, ya que son los principales defensores de nuestra integridad física. El cuarto miedo ya comienza a tener elementos de socialización y aprendizaje. Y el último miedo -el miedo a la muerte del ego- es básicamente aprendido a través de los procesos de socialización. Este último es, a juicio del autor, el que tenemos mayores posibilidades de educar y cambiar.

Y los miedos que enfrentamos los emprendedores, ¿son aprendidos o innatos?

Esos miedos que enfrentamos como emprendedores son por lo general miedos que hemos aprendido. Nuestra educación y procesos de socialización, el entorno cultural en que nos desarrollamos, el país en que vivimos, el sector de negocio en el cual hemos emprendido, son todos elementos que nos han llevado a aprender a sentir algunos miedos, en distintas formas e intensidades. Tenemos el cerebro habitado por presentimientos.

Si nos ceñimos a la clasificación del Karl Albrecht, podríamos decir que posiblemente la mayoría de los miedos que enfrentamos los emprendedores califican dentro de los dos últimos niveles de la pirámide: miedo al abandono y, sobre todo, a la muerte del ego. Tal vez, algunos podrían calzar en el nivel 3, el miedo a la pérdida de autonomía. En todo caso, tienen un componente fundamentalmente aprendido.

En muchos casos, estos miedos se han desarrollado con el propósito de sentir que preservamos nuestra estabilidad económica, que protegemos nuestra imagen, que evitamos exponernos a situaciones que nos coloquen en desventaja a nosotros, a nuestros clientes, colaboradores y a nuestro negocio en general. Sin embargo, a veces estas respuestas que hemos aprendido para enfrentar esos miedos, que nos llevan a tratar de preservar lo que creemos que es el orden y estabilidad, realmente representan un anclaje que nos impide actuar proactivamente para sacar provecho de nuevas oportunidades. Cuando decidimos desde el miedo, constreñimos las posibilidades de crecimiento y desarrollo de nuestro negocio.

De allí que tenga tanta importancia el aprender a identificar nuestros miedos, entender cómo y por qué reaccionamos ante ellos, para que logremos generar nuevos aprendizajes. El objetivo de este libro es que puedas cambiar tus respuestas actuales, dominadas por el miedo y que te llevan al estancamiento y a desperdiciar oportunidades, y aprendas nuevas respuestas frente a los estímulos que te generan miedo como emprendedor. Se trata de construir nuevas respuestas, que en lugar de representar una huida de las oportunidades constituyan conductas que muevan hacia adelante la rueda de desarrollo de tu emprendimiento.

Capítulo 2
¿Cómo se manifiesta el miedo?

*"El fantasma es la manifestación externa
y visible de un temor interno"*

Ambrose Bierce

Habiendo definido qué es el miedo, y comprendido cómo y por qué se origina, a fin de entenderlo y lidiar con él, precisamos aprender a detectarlo e identificarlo. Sólo sabiendo cuáles son las señales que indican la presencia del miedo, será posible percatarnos de que es ésta, y no otra, la emoción que sentimos y, en consecuencia, podremos activar una apropiada respuesta.

El miedo se manifiesta de muy diversas formas. Algunas de éstas son bastante evidentes y nos permiten darnos cuenta con rapidez y facilidad de que efectivamente lo que sentimos es miedo. Otras señales son menos obvias y, en ocasiones, puede resultar cuesta arriba para nosotros entender o aceptar que lo que nos embarga es efectivamente algún tipo de miedo.

Ah, el miedo tiene la mala costumbre de disfrazarse para que no nos demos cuenta de que es él quien nos visita y pretende instalarse en nuestra morada. Dado que el miedo tiene mala fama y nos han enseñado que sentirlo es malo -y además de cobardes- a veces preferimos maquillarlo con los colores de otras emociones socialmente más aceptables. En realidad, no queremos reconocer que estamos sintiendo miedo. Creemos que nos coloca en posición de minusvalía.

La intención principal de este capítulo es lograr desnudar al miedo y aprender a conocer sus las manifestaciones y señales para que podamos identificarlo y actuar proporcional y atinadamente.

El miedo involucra manifestaciones de tres tipos diferentes. Genera respuestas fisiológicas, respuestas cognitivo/emocionales y respuestas conductuales. Todas ellas están diseñadas para incrementar la capacidad de supervivencia. Muchas de ellas no son exclusivas de esta emoción, sino que podrían surgir motivadas por muchas otras circunstancias. Es por esto que a veces es difícil identificarlo y aceptar que nos invade el miedo. Veamos a continuación en detalle cada una de estas tres dimensiones de la manifestación del miedo.

Manifestaciones fisiológicas del miedo

Cuando nos enfrentamos a un estímulo desconocido que puede resultar amenazante, el cuerpo se prepara para actuar. Para ello, reduce todas las funciones no esenciales y maximiza el flujo de sangre a los músculos mayores. Esto puede hacerse evidente en el rostro y la expresión y, al mismo tiempo, producir un conjunto de respuestas fisiológicas, entre las que podemos destacar:

- Aumento de la frecuencia cardíaca
- Aceleración de la respiración o hiperventilación
- Sudoración fría
- Temblores
- Palpitaciones
- Tensión muscular
- Dilatación de las pupilas
- Mareos
- Náusea
- Flatulencia
- Diarrea
- Aumento del metabolismo
- Aumento de la presión arterial
- Aumento de la adrenalina

Hagamos un par de ejercicios. Primero, piensa en algún momento en que estés consciente de que sentiste realmente miedo en el pasado. Puede ser algún momento en que hayas estado expuesto a un peligro físico, en un accidente, frente a un animal extraño o peligroso, antes de un examen que te resultaba sumamente difícil, antes de entrar a una presentación o reunión de trabajo importante, al ser descubierto por tus padres en una mentira. Cualquier situación pasada en la que estés consciente de que sentiste miedo. Al pensar en ese momento anidado en tu memoria, intenta recordar si en tu cuerpo ocurrieron alguna de estas reacciones. Como estamos buscando en nuestro archivo de recuerdos momentos en los que conscientemente reconocemos haber sentido miedo, el ejercicio de memoria y de identificación posiblemente no es muy difícil. Apuesto a que mientras lees este párrafo, ya te han venido a la mente un par de ejemplos de tu propia historia que califican como miedo y que te produjeron alguno de estos síntomas.

Ahora, hagamos un ejercicio diferente. Piensa en algunos momentos en los que por alguna razón sentiste alguno de estos síntomas, pero no entendiste ni asumiste que estabas sintiendo miedo. Tal vez los asociaste con un malestar pasajero, un virus, un fenómeno climatológico. Piensa si en algún momento pasado tuviste de esas reacciones fisiológicas sin haber estado consciente del temor que se escondía tras ellas. Es muy posible que este ejercicio te resulte más difícil que el anterior. Es probable que nunca te hayas dado cuenta, por ejemplo, que esa vez en que sudabas tanto antes de llegar a la primera cita con esa persona que tanto te gustaba realmente estabas sintiendo miedo. La necesidad de encajar en lo socialmente aceptable tal vez te hizo atribuirlo a que hacía mucho calor en el lugar en ese momento, y no a que en el fondo estabas sintiendo miedo ante la incertidumbre de encontrarte por primera vez con alguien a quien todavía realmente no conocías bien, pero a quien deseabas causar buena impresión.

Como ves, no siempre que estas manifestaciones fisiológicas aparecen son producidas por el miedo. Es totalmente cierto que sudamos también por muchas otras razones. Que la respiración puede acelerarse por emociones diferentes al miedo o nuestra frecuencia cardíaca puede aumentar por muchas variadas circunstancias. Por eso, es difícil a veces identificar el miedo. Le resulta muy fácil disfrazarse y agazaparse. Hemos de estar muy atentos para identificarlo.

Claro está, no toda situación que genera miedo produce en nosotros toda esta variedad de síntomas físicos a un mismo tiempo, ni con similar intensidad. Esto va a depender de las circunstancias particulares y de cuán fuerte es la intensidad de la percepción de amenaza. Sin embargo, todas ellas son manifestaciones posibles que, de sentirlas frente a una situación nueva o difícil, percibida como amenazante y cuyo desenlace desconocemos, nos deberían conducir a sopesar la posibilidad de que tal situación efectivamente nos ha causado miedo.

Esto puede ocurrir, por ejemplo, a un explorador que se encuentra frente a un animal salvaje, a alguien que camina de noche en un lugar solitario y se enfrenta con un desconocido que podría perjudicarlo, o a un estudiante que debe presentar un examen, o un profesional un proyecto importante. Nótese que hablamos de situaciones de diferente naturaleza, pero que al desatar miedo pueden desencadenar reacciones físicas similares.

Por seguro en algún momento de tu vida has enfrentado a diversas situaciones que te han desencadenado algunas de estas manifestaciones fisiológicas. Este sería un primer indicador de que el estímulo que estaba presente en ese momento es algo que, en alguna medida, te produce miedo. Te invito a que a partir de ahora estés especialmente atento a estas señales de cambios fisiológicos en tu organismo, y que cada vez que sientas alguno de estos síntomas te detengas a pensar si acaso hayan sido causados por un miedo.

Apuesto a que en tu trayectoria como emprendedor también en algún momento has enfrentado circunstancias que te han acelerado el pulso, la frecuencia cardíaca o la respiración, o te han causado temblores o palpitaciones. Acaso un encuentro con un cliente difícil, ese momento en que supiste (y aceptaste) que no podrías cumplir con un compromiso, los momentos anteriores a una presentación de credenciales, o la espera de la aprobación de un crédito. Estos son apenas algunos ejemplos de posibles situaciones que generan miedo a nivel empresarial y que podrían causar alguna de estas manifestaciones fisiológicas.

Manifestaciones emocionales y cognitivas del miedo

Además de algunas reacciones fisiológicas como las ya descritas, la respuesta de miedo genera algunas manifestaciones cognitivas y emocionales. Estas respuestas se relacionan con la forma cómo nuestro pensamiento recibe, interpreta y procesa los estímulos del miedo y las emociones que se generan a partir de ello.

Al percibir un estímulo amenazante y recibir la señal de alarma, nuestra mente intenta identificarlo para poder decidir cómo actuar. Para ello, recurre a la información almacenada en la memoria. Si el estímulo es identificado como algo que en el pasado ha causado daño, o si es un estímulo amenazante totalmente nuevo y desconocido, se puede desencadenar una emoción desagradable, de ansiedad o nerviosismo, que puede variar en grado o intensidad, desde una molestia leve hasta un auténtico ataque de pánico.

Es decir, la respuesta cognitiva hacia el miedo se activa automáticamente al tratar de identificar si el estímulo es algo nuevo o si es una situación a la que ya hemos estado expuestos con anterioridad.

Si es algo nuevo, el cerebro debe utilizar la información disponible para evaluar el nivel y contexto de peligro y riesgo asociados al mismo. Si percibe que hay una gran incertidumbre (poca certeza) o si hay certeza de posible daño, se puede generar una alta respuesta emocional de miedo. Si, por el contrario, la evaluación del estímulo y el análisis de la información disponible indican que hay posibilidad de tener control sobre el mismo, la respuesta emocional puede ser más moderada.

Si es algo conocido, es decir, a lo que hemos estado expuestos con anterioridad, el cerebro buscará en el banco de memoria y rescatará la información disponible sobre cómo actuamos anteriormente frente a ese estímulo y qué tan eficiente y exitoso fue ese comportamiento en el intento de superar la amenaza. Mientras menos hayamos podido controlar en el pasado nuestra conducta ante ese estímulo amenazante, más intensa será la respuesta emocional de miedo.

Valga resaltar que existen algunas diferencias entre el concepto de reacciones emocionales y el de reacciones cognitivas, aunque ambos están interconectados y juegan un papel importante en la forma en que percibimos y respondemos al mundo que nos rodea. La respuesta emocional se refiere a las emociones y sentimientos que experimentamos, en tanto que la respuesta cognitiva se centra en los procesos mentales relacionados con el conocimiento y el pensamiento. Entonces, la reacción cognitiva hacia el miedo es fundamentalmente una estación de "evaluación" en nuestro proceso mental, que se ocupa de identificar qué tan conocido o nuevo es el estímulo amenazante, cuál es la probabilidad de que nos impacte realmente de forma negativa (nos cause daño), de qué tanta información disponemos o cuánta incertidumbre tenemos, y qué tan eficaces hemos sido en el pasado al enfrentarlo. A mayor incertidumbre y mayor experiencia desagradable previa, mayor será la respuesta emocional de miedo. A medida que tenemos más información y mayor percepción o historia previa de posibilidad de control, menor y menos desgastante será la respuesta emocional de miedo.

Una vez superada esta estación de evaluación del estímulo amenazante, es entonces cuando se produce la reacción emocional, en concordancia con la percepción del nivel de peligro y del control que alcancemos sobre el mismo. Esta respuesta emocional puede darse en un amplio rango de emociones, que van desde un malestar, un mero nerviosismo o intranquilidad leve hasta otras más severas como el terror o un ataque de pánico.

Veamos algunas de estas variantes de las expresiones emocionales que ocurren ante el miedo. Algunos de estos términos se solapan y muchas veces los utilizamos para describir estados similares. Algunos de ellos realmente forman parte de un mismo conjunto de reacciones que, además de tener definiciones similares, pueden presentarse de forma conjunta.

1. **Preocupación excesiva:** Las personas que experimentan miedo a menudo se preocupan en exceso acerca de lo que podría pasar. Pueden tener pensamientos repetitivos sobre el objeto o la situación que les provoca miedo.

2. **Nerviosismo:** Se define como un estado pasajero de excitación nerviosa que produce inquietud o carencia de tranquilidad. La persona puede sentirse nerviosa, inquieta o intranquila ante esa situación que le atemoriza. Esta respuesta emocional es posiblemente el estado más suave de este tipo de emoción. Puede generar que tengamos dificultades para concentrarnos.

3. **Estrés:** Se define como un estado de tensión y presión emocional. Cuando estamos estresados o bajo estrés, nos sentimos abrumados por esa situación que nos amedrenta y se nos dificulta afrontarla.

4. **Inseguridad:** El miedo puede hacernos sentir vulnerables. Provocarnos sensación de falta de seguridad. Podemos sentirnos amenazados o indefensos ante la situación inquietante sin saber qué hacer para protegernos.

5. **Ansiedad:** Puede manifestarse como preocupación o zozobra, o como un sentimiento de miedo persistente, que parece no tener final. La principal característica de la ansiedad es que es un estado anticipatorio. Nos juega trucos y nos hace producir una respuesta anticipada hacia eso que se percibe como potencialmente peligroso.

6. **Desesperanza**: Es la sensación de que se ha perdido toda posibilidad de control. Implica un pensamiento pesimista sobre las posibilidades de solución del percance.

7. **Depresión**: El miedo prolongado o crónico puede provocar una insidiosa sensación de desesperanza, desahucio y tristeza en la persona de forma más permanente, lo que puede decantar en depresión.

8. **Ataques de pánico:** En casos extremos, el miedo puede provocar episodios de sensación de pánico, con alta carga de ansiedad que pueden generar síntomas físicos graves como sudoración excesiva, palpitaciones, disnea, alteración del sentido del equilibrio. El miedo excesivo, aunque no esté justificado, le da combustible al miedo.

Algunas de estas respuestas emocionales ante el miedo son leves y pueden ser fácilmente manejables mediante la aplicación de estrategias y técnicas adecuadas. Otras, como los trastornos de ansiedad, los ataques de pánico y la depresión son considerados trastornos más severos, que impiden la adecuada adaptación del organismo y requieren ayuda de profesionales especializados. *Tal como ya te he advertido en capítulos anteriores, este libro no pretende ser respuesta a esos estados de miedo severo. Si piensas que los miedos que enfrentas, en tu ámbito personal o de tu emprendimiento, califican dentro de estos tipos de trastornos mentales más serios, te invito a que contactes a un psicoterapeuta especializado.*

Pilar Jericó (2006) en su libro "NoMiedo" propone una clasificación de estas respuestas emocionales al miedo con base en dos dimensiones: su intensidad y su duración. A la luz de su clasificación, el presente libro pretende ayudarte a identificar y controlar las respuestas de miedo de baja intensidad, sean de corta o larga duración, relacionadas con tu actividad emprendedora. *Si sientes que tu caso particular puede ser considerado como de alta intensidad, te invito a recurrir a un psicoterapeuta especializado en este tipo de trastornos.*

Manifestaciones conductuales del miedo

Hablemos de las conductas que se generan como respuesta a esta emoción de miedo. Ese estímulo amenazante, que genera miedo, produce cuatro posibles reacciones básicas:

1. **Enfrentamiento al estímulo para luchar contra él y dominarlo.** Por ejemplo, digamos que si nos enfrentamos a un ladrón que nos ha sorprendido camino a casa, decidimos hacer algo que elimine la posibilidad de que nos cause daño: lo enfrentamos, nos defendemos y lo sacamos del entorno en el que pueda afectarnos. El enfrentamiento puede presentarse en otras variantes, por ejemplo, el comportamiento de alerta o vigilancia, según el cual anticipamos la posibilidad de que el estímulo aparezca y entonces nos mantenemos preparados para actuar. En el ejemplo del ladrón, si sabemos que es una zona en la que hay alta probabilidad de que nos ataquen, vamos preparados con lo necesario para someterlo y con los sentidos alertas para que no nos tome por sorpresa. Podría considerarse un enfrentamiento anticipado. Otra variante del enfrentamiento es la búsqueda de ayuda o apoyo, según el cual enfrentamos al estímulo amenazante, pero no lo hacemos solos. En el ejemplo del ladrón, en este caso pediríamos ayuda para que alguien venga en nuestro socorro.

2. **Huida del estímulo, para alejarnos de él y evitar que nos haga daño.** En el mismo ejemplo, en lugar de enfrentar al ladrón, decidimos salir corriendo o movilizarnos hacia un espacio físico donde el ladrón no nos pueda alcanzar. Nos retiramos de su área de influencia para quedar a resguardo de la posible amenaza. Una variante de la huida es la conducta de evitación. Una vez que aprendemos que el estímulo nos causa miedo, tratamos de evitar que nos someta por sorpresa y para ello nos alejamos de la posibilidad de que ese estímulo amenazante ocurra. Si sabemos

que en esa calle en cuestión los ladrones atacan con frecuencia, pues evitamos esa ruta.

3. **Paralización frente al estímulo.** En este caso, quedamos inhabilitados para actuar. No hacemos nada. Simplemente nos quedamos asustados, pero inmóviles. En el ejemplo del ladrón, no lo enfrentamos, no pedimos ayuda, no huimos. Nos rendimos, en la esperanza de que el mal no pase a mayores.

4. **Complacencia extrema frente al estímulo.** Es una expresión que podría utilizarse para describir una actitud o comportamiento de una persona que muestra una satisfacción excesiva o una aceptación sin cuestionamientos de una situación o circunstancia, incluso cuando podría ser inapropiada o problemática. Puede llevar a ignorar la amenaza. En el caso del ladrón, optamos por tratar de ganarnos su simpatía con elogios, buscando caerle en gracia, generar alguna empatía e incluso mimetizarlo, a fin de disuadirlo de hacernos daño.

Todas estas conductas son consideradas defensivas. Son reacciones que se activan frente a un estímulo amenazante, como mecanismo de protección.

La respuesta de enfrentar el estímulo que causa miedo, o huir de él, o evitarlo, depende de la evaluación que nuestro cerebro hace sobre las probabilidades de que el enfrentamiento sea exitoso. Si la probabilidad de éxito es alta, ocurre una conducta de enfrentamiento. Si la probabilidad de éxito es baja, validamos una conducta de huida. Debemos ser muy cautelosos en esta evaluación ya que, cuando la evaluación que hace nuestro cerebro es equivocada, es entonces cuando nos exponemos, por ejemplo, a situaciones en las que temerariamente enfrentamos peligros que no estamos adecuadamente preparados para controlar. También podría suceder que escapamos de situaciones que podríamos fácilmente enfrentar de manera exitosa utilizando las herramientas y recursos disponibles.

Como veremos más adelante, para los emprendedores posiblemente la peor respuesta posible a los miedos que enfrentamos es la paralización o la no acción. Con este libro espero ayudarte a evaluar con tino las amenazas que enfrenta tu negocio, para que puedas desarrollar las estrategias adecuadas para enfrentarlas con éxito, si es posible, o para que tengas el criterio adecuado para evitarlas o apartarte de ellas, si tus probabilidades de salir exitoso son bajas.

Capítulo 3
¿Por qué los emprendedores sentimos miedo?

"Dos cosas que experimentarás cada día es miedo a lo desconocido e incertidumbre. Para tener un negocio de éxito debes confrontar esos miedos de frente"

Darren Hardy

En los dos capítulos anteriores hemos dejado en claro que sentir miedo en alguna medida es absolutamente normal y hasta sano. Sentir miedo no te convierte en un cobarde ni en una persona enclenque. Sentir miedo significa que eres un ser humano normal, que tiene sus sistemas de alerta funcionando bien para mantenerse a salvo de peligros o riesgos. Hemos ya establecido también que el miedo se dispara ante lo desconocido, nos previene de cometer imprudencias y nos aterriza en una pista de realidades.

Ocurre que, cuando somos emprendedores, lo desconocido y la incertidumbre nos acompañan todo el tiempo. Por eso, surge el miedo. Los miedos del emprendedor son parte de un sistema de alerta que nos obliga, siempre, a detenernos y pensar, porque constantemente nos enfrentamos a entornos cambiantes, futuros inciertos y poca certeza respecto de las consecuencias reales de las acciones que podemos o debemos tomar.

Cuando somos empleados, por supuesto siempre albergamos un cierto contenido de incertidumbre, pero en general tendemos a tener más certeza, porque hemos delegado en niveles superiores de la gerencia buena parte de la responsabilidad. Sabemos mejor qué se espera de nosotros, tenemos seguridad acerca de cuándo obtendremos nuestro pago y cuánto nos pagarán, conocemos cuáles son las reglas. Sin embargo, lo desconocido forma una gran parte de la cotidianidad del emprendedor. Y eso, nos guste o no, genera miedo. La percepción de que no tenemos control sobre el porvenir es la principal causa de la aparición de los miedos del emprendedor.

El problema no es el miedo. El verdadero problema se origina cuando nos quedamos detenidos y el miedo nos impide decidir y continuar, una vez que ya hemos ponderado la situación. El miedo nos puede llevar a precipitarnos, a tomar decisiones apresuradas que luego parecerán absurdas. Y el miedo nos lleva también, a veces, a no tomar o postergar decisiones que podrían ayudarnos a salvar obstáculos.

Todas las decisiones que tomamos a lo largo de nuestro camino por el emprendimiento, sea en momentos de éxito o de fracaso, que involucren también cuestiones personales o sólo profesionales, sean decisiones grandes o pequeñas, comportan una gran dosis de incertidumbre.

Cada decisión que tomamos supone un riesgo, aunque sea pequeño, pues puede implicar descartar una decisión alternativa que tal vez hubiera sido más conveniente. Al fin y al cabo, en buena parte de las ocasiones, cada vez que tomamos una decisión, realmente estamos decidiendo "no hacer" o "no elegir" una gran cantidad de opciones que quizás se nos ofrecían como alternativa.

Imaginemos que cuando hemos de tomar una decisión sobre nuestro emprendimiento estamos parados frente a una diversidad de puertas. Cada vez que decidimos abrir una de esas puertas, estamos asumiendo el riesgo de enfrentarnos a lo que hay tras ella, pero, además, estamos optando por dejar de abrir las otras puertas.

Lamentablemente, no todas las puertas nos conducen a oportunidades de crecimiento. Hay puertas que abrimos por precipitarnos a tomar decisiones sin cavilar. Y hay otras puertas que abrimos por miedo. Y puertas que dejamos cerradas porque lucen muy pesadas y difíciles de abrir, aunque tal vez nos podrían abrir paso a un camino mejor. Y, finalmente, hay puertas que serían buenas opciones, pero que ni siquiera consideramos porque no contamos con toda la información necesaria.

Para optimizar las probabilidades de abrir la puerta más conveniente, de tomar decisiones que nos resulten favorables, es necesario que obtengamos la mayor cantidad de información sobre los elementos que afectan la decisión. Tenemos que enfocarnos en todo lo que reduzca la incertidumbre sobre lo que hay del otro lado de esa puerta que deseamos cruzar. Tanto en cuanto más información tengamos, mayor será la certeza sobre lo que podría pasar a partir de nuestra decisión.

Pero no basta con contar con información sobre la decisión que deseamos tomar.

También debemos evaluar al detalle las alternativas, esas otras puertas que podríamos abrir. De esta forma, procuramos bajar las cotas de incertidumbre y optimizamos la probabilidad de decidirnos por lo que es más provechoso.

Esa incertidumbre de no saber qué hay detrás de cada puerta es lo que nos produce miedo. Si tuviésemos absoluta certeza, no habría cabida para el miedo del emprendedor, porque siempre podríamos contar con la seguridad de que tenemos el control sobre las consecuencias de las decisiones que tomamos. Sabríamos siempre qué esperar y a qué atenernos.

Pero ese escenario ideal en el que conocemos con certeza lo que hay detrás de cada puerta simplemente no existe. De modo que muchas veces sentimos miedo al ponderar cuál puerta abrir. Y entonces, nos enfrentamos a la posibilidad, poco deseable y tan inconveniente, de decidir desde el miedo.

¿Qué pasa en nuestras decisiones como emprendedores cuando sentimos miedo?

Ya hemos establecido que cuando sentimos miedo, generalmente se producen cuatro posibles respuestas conductuales: enfrentamiento, huida, parálisis o complacencia extrema. Entre la decisión por el enfrentamiento o por la huida, ninguna de ellas es mejor que la otra. Lo acertado de cada una depende de las probabilidades que tengamos, con cada una, de ser exitosos en nuestra respuesta. Como seguramente ya sospechas, lo acertado de la respuesta dependerá de la cantidad de información que tengamos respecto a cuál de las opciones (huir o enfrentar) tiene más probabilidad de resultar exitosa.

La tercera posible respuesta conductual, la parálisis, a saber, la nada, esa puede llevar rápidamente al fracaso del negocio. Quien ni siquiera hace el intento por lograr algo, ya ha fracasado.

Sabemos que el miedo es una emoción necesaria. Cuando no sentimos miedo no medimos las consecuencias, no nos frenamos, no analizamos. Tendemos a la impetuosidad. Y eso nos puede conducir a un fracaso tras otro. Sin embargo, es también un problema permitir que sea el miedo el que dirija la toma de decisión. Cuando actuamos bajo el efecto pertinaz del miedo, enfocamos la atención en unos pocos estímulos. Y si nos fijamos en pocas cosas, no evaluamos con objetividad toda la información que requerimos. Vemos los árboles, no el bosque. No utilizamos todos los recursos con los que contamos para reducir la incertidumbre. Cuando pasa el miedo, hay relajamiento muscular, bajan las pulsaciones, la respiración se calma. Es entonces cuando debemos tomar decisiones. En frío. Las decisiones desde el miedo generan más ansiedad, en tanto que las decisiones desde la calma y el crecimiento generan tranquilidad.

Cuando tomamos decisiones basados en el miedo, corremos el riesgo de tomar una decisión que no sea la más conveniente para la situación, o que esa decisión pueda tener consecuencias negativas a largo plazo.

¿Qué tipo de decisiones son promovidas desde el miedo?

Las siguientes, son ejemplos de posibles decisiones que ocurren cuando decidimos desde el miedo. Es decir, decisiones que tomamos cuando enfrentamos mucha incertidumbre y nos encontramos emocionalmente en un momento de alteración no recomendado para la toma de decisiones:

1. **Decisiones de huida, en lugar de decisiones que acercan a la meta:** Cuando escapamos y preferimos no seguir adelante en la consecución de nuestros objetivos por temor a fracasar.

2. **Dilación de decisiones:** Cuando sabemos que es momento de tomar una decisión porque el no tomarla a tiempo es en sí misma una decisión equivocada, pero tenemos tanto temor de abrir la puerta equivocada que preferimos los problemas que acarrea la no decisión (que conocemos) que los potenciales problemas que podría acarrear una decisión equivocada.

3. **Decisiones cambiantes:** Cuando tomamos decisiones y no las mantenemos sino que las cambiamos constantemente, por temor a asumir las consecuencias que conlleva la consistencia y el compromiso con un curso de acción.

4. **Sacrificios absurdos:** Cuando decidimos, con un estoicismo inusitado y tal vez innecesario, sacrificando cosas que podrían haberse rescatado en el camino sin afectar la meta.

5. **Decisiones que no se "sienten" adecuadas:** Cuando tomamos una decisión que realmente no nos convence. Todos hemos pasado por esto alguna vez. Decidimos una opción promovidos por diversas razones, pero en nuestro fuero interno intuimos - "sentimos"- que no es la decisión adecuada.

6. **Emergencias que distraen de la meta:** Cuando, presionados por una circunstancia imprevista, decidimos sin tomar en cuenta cuánto esa decisión nos aleja de nuestro foco principal de atención.

7. **Decisiones movidas por los juicios de los demás:** Cuando decidimos con base en lo que pensamos que será "mejor visto" o "aprobado" por otros. Muchas veces las mejores decisiones son difíciles y no siempre son comprendidas, al menos en el corto plazo, por todos los involucrados o interesados. No debemos permitir que el juicio de otros sea un elemento decisivo, aunque puede obviamente ser un elemento a considerar durante la evaluación de alternativas y escenarios.

Decidir desde la oportunidad y no desde el miedo

Como emprendedores, debemos cambiar el enfoque. En lugar de decidir desde el miedo, podemos decidir desde la oportunidad.

El miedo es un sistema de alerta, sin duda. Pero puede ser mal consejero. Debemos permitir que el miedo nos aporte una alerta en el camino. Sin embargo, una vez que reconozcamos el servicio que nos ha prestado con su advertencia, debemos hacerlo a un lado y no permitir que manipule nuestras decisiones. El miedo puede nublar nuestro juicio y llevarnos a tomar decisiones precipitadas o poco razonadas. En algunos casos, el miedo puede desviarnos de la mejor ruta, llevarnos a evitar situaciones o decisiones importantes que, en última instancia, podrían sernos beneficiosas.

Cuando tomamos decisiones desde el miedo, nos enfocamos en tratar de circunvalar una situación negativa o que entraña peligros. En lugar de buscar las oportunidades, nos enfocamos en minimizar los riesgos y las posibles consecuencias negativas. Con mucha frecuencia, esto puede llevar a tomar decisiones demasiado conservadoras y que impiden el crecimiento y el progreso.

Cuando, por el contrario, tomamos decisiones desde la oportunidad, el enfoque está en sacar provecho de una situación, para obtener un beneficio o una ventaja. Esto bien puede implicar asumir riesgos y tomar decisiones arriesgadas, pero también puede ofrecer grandes oportunidades de crecimiento y éxito.

Tolerancia a la incertidumbre y a la ambigüedad

Al tomar decisiones hay siempre implícito un elemento de incertidumbre. La falta de información genera desconocimiento y extravío. La información falsa, no verificada, también genera incertidumbre. El exceso de información confunde, y por cierto genera incertidumbre. Y la incertidumbre genera miedo: miedo a equivocarse, a perder, a quedar mal.

En general, a muchos nos han criado valorando más un trabajo estable que un emprendimiento. Nos han modelado para la seguridad, para lo previsible. La capacidad de lidiar con la ambigüedad y la incertidumbre no es una habilidad que suelen enseñarnos desde pequeños. Y cuando optamos por el camino del emprendimiento, ah, esa es una habilidad absolutamente indispensable, pues nos toca convivir con la ambigüedad y la incertidumbre a diario, en cada minúsculo paso del camino.

Uno de los orígenes de los miedos del emprendedor, entonces, es la ambigüedad que enfrenta. En ese sentido, una habilidad imprescindible para lidiar con los miedos del emprendedor y aprender a superarlos es desarrollar tolerancia a lo ambiguo y lo incierto.

Una vez más, recurramos a las definiciones básicas de nuestro idioma. *Ambiguo* es, según la Real Academia Española, *"Que puede entenderse de varios modos o admitir distintas interpretaciones y dar, por consiguiente, motivo a dudas, incertidumbre o confusión".*

Cuando hablamos de tolerancia a la ambigüedad nos referimos, entonces, a la capacidad de poder desenvolvernos exitosamente en ambientes inciertos, imprevisibles y desconocidos.

El concepto de Tolerancia a la Ambigüedad fue introducido por primera vez como un constructo psicológico por Elsa Frenkel-Brunswik, en el año 1949. Según Frenkel, la tolerancia a la ambigüedad describe la intensidad de la relación de los individuos con estímulos o eventos ambiguos, siendo un continuo desde la tolerancia baja (reacción muy intensa) hasta la tolerancia alta (reacción de baja intensidad).

Posteriores estudios (Budner, 1962) definieron la tolerancia baja a la ambigüedad como la tendencia a percibir las situaciones ambiguas como fuentes de amenaza, mientras que la tolerancia alta se define como la tendencia a percibirlas como situaciones deseables.

En resumen, a menor tolerancia habrá un mayor rechazo a las situaciones o estímulos ambiguos y, por ende, una reacción más fuerte negativa hacia ellos, mientras que a mayor tolerancia pues menor rechazo y, por ende, mejor disposición a aceptarlos. Los niveles bajos de tolerancia a la ambigüedad se han asociado con mayores niveles de ansiedad y estrés, en tanto que niveles altos de tolerancia a la ambigüedad se vinculan con mayor apertura a nuevas experiencias y mejor capacidad de adaptación a los cambios.

Tolerancia a la ambigüedad, la ansiedad y el estrés

A partir de estas definiciones, se puede comenzar a entender cómo el desarrollar una mayor tolerancia a la ambigüedad es positivo para los emprendedores, pues:

1. Reduce los niveles de ansiedad y estrés

2. Favorece la apertura a la adaptación y ajuste.

En consecuencia, nos coloca en mejor posición para aceptar la ambigüedad como parte de nuevas oportunidades de desarrollo y crecimiento.

El desarrollo de mayor tolerancia a la ambigüedad implica aprender a permanecer en control ante la incertidumbre, a pesar de la incomodidad que pueda generar el no tener las respuestas a las interrogantes o no saber hacia dónde nos dirigimos. Por naturaleza, la mente humana tiende a procurar el equilibrio. Cualquier fuente de desbalance genera respuestas de inconformidad que se pueden manifestar en escape (para evadir la fuente de desbalance), paralización (por no saber cómo reaccionar) o búsqueda de restitución del balance (acción). La respuesta que más promueve el desarrollo es la acción, buscando conscientemente aprender del desbalance y entenderlo como una oportunidad para nuevas formas de reestablecer el equilibrio perdido.

La principal causa que nos hace percibir una situación o estímulo como ambiguo es la carencia de información adecuada. Puede ser que la información de la que disponemos sea incompleta o vaga, o acaso contradictoria. La falta de información precisa produce ambigüedad en la percepción. Cuando una situación es ambigua, no hay relación diáfana entre los cursos de acción posibles y sus correspondientes consecuencias, de modo que no hay certeza sobre cómo optimizar las probabilidades de éxito. Sin información suficiente, no sabremos cómo actuar sobre ella con asertividad. En ese sentido, la mejor forma de enfrentar la ambigüedad es mediante la búsqueda de información para despejar incógnitas y lograr así aclarar nuestra visión, y poder entonces actuar con presteza, creatividad y apertura.

Responsabilidad y miedo

Otro elemento importante que contribuye a alimentar los miedos que enfrentamos los emprendedores es la necesidad de asumir responsabilidades.

Los emprendedores aceptamos una gran responsabilidad al iniciar un negocio. Cuando emprendemos, ponemos sobre nuestros hombros el peso de hacernos los responsables últimos de las decisiones. Ya no hay un jefe a quien acudir, en quien apoyarnos o a quien culpar de los errores. Cualquier decisión que se tome, así sea de nuestros colaboradores, es, en última instancia, responsabilidad nuestra.

Esto es particularmente relevante cuando los emprendimientos son pequeños, pues se cuenta con poca estructura y toca asumir una multiplicidad de tareas y enfrentar una amplia gama de decisiones. Pero es también relevante cuando los emprendimientos son de mayor envergadura, pues aunque contemos con equipos de trabajo, como cabezas que somos de toda la estructura debemos asumir responsabilidad por nuestras decisiones o por las de quienes trabajan con nosotros.

El tomar las riendas genera temor y angustia en el día a día del emprendedor, porque nos obliga a aceptar que tal vez hemos fallado, o que tomamos alguna decisión errada, o que sencillamente estamos evitando tomar una decisión. Podemos temer no ser capaces de manejar todas las tareas y decisiones que supone gerenciar una empresa. Nos puede asustar la responsabilidad de administrar el dinero de los inversionistas o empleados. Nos puede angustiar la posibilidad de no poder generar ingresos suficientes como para enfrentar todos los compromisos económicos. Si se producen errores que afecten a nuestros clientes por ofrecer productos o servicios deficientes, somos nosotros quienes debemos dar la cara y asumir la responsabilidad en nombre de nuestro emprendimiento.

Esa mayor responsabilidad puede venir acompañada de mayor miedo. La responsabilidad nos coloca en una posición en la que nuestras acciones y decisiones pueden tener un impacto significativo sobre otros. Ello puede generar temor a cometer errores o no cumplir con las expectativas. Al asumir responsabilidades, a menudo también nos exponemos a una mayor carga emocional.

Locus de control

Desde pequeños nos cuesta asumir responsabilidades, por temor a las consecuencias. Cuando somos niños, es frecuente la conducta de tratar de evadir responsabilidades, colocando fuera de nosotros la causa de nuestros actos. Tendemos a culpar al hermanito, a la maestra, o hasta a la mala suerte de esas cosas que nos ocurren, cuando muchas veces la "culpa" es nuestra.

Realmente, no me gusta la palabra "culpa", porque viene cargada de connotaciones muy negativas. Culpa implica asumir algo que es incorrecto y que requiere un castigo. Prefiero manejar el término "responsabilidad". Así que cambiemos la última frase del párrafo anterior por: "Cuando muchas veces la responsabilidad es nuestra". El término "responsabilidad", a diferencia de la "culpa", nos permite tomar el control y, en lugar de castigo, lo que tenemos frente a nosotros es la oportunidad de corregir, de generar un cambio positivo.

"Hacerse responsable de algo" implica asumir las consecuencias de nuestras acciones. Dejar de atribuir el control a entes externos y comenzar a aceptar nuestro propio papel en lo que nos acontece. Hacerse cargo de la responsabilidad es imperativo para el éxito del emprendedor.

Volviendo al caso de los niños, es tarea de los padres, en primer lugar, y de los educadores como complemento, transmitir adecuadamente el concepto de que uno tiene el control sobre la mayor parte de las cosas que le pasan. Debe enseñarse que comenzamos a tener posibilidades de crecer y desarrollarnos a plenitud sólo cuando dejamos de señalar a otros. Cuando esto no se transmite adecuadamente y a temprana edad, prevalece una tendencia a reproducir una actitud según la cual aprendemos a lamentarnos de lo que nos pasa, y a poner la responsabilidad de cambio sobre los hombros de entes externos. De adultos, ya no será el hermanito o la maestra sino el jefe, los compañeros de trabajo o el gobierno. Ya no será la mala suerte, sino lo que Dios quiere para nosotros o lo que el destino nos tiene deparado.

Y esta reflexión nos lleva a un concepto que, desde que lo aprendí hace muchos años cuando estudiaba Psicología, me marcó y me abrió los ojos. Y es el concepto de "Locus de Control". El Locus de Control es un concepto introducido por Julian Rotter en 1954 dentro del marco de la Psicología de la Personalidad. Se refiere al grado en que las personas creen que tienen control sobre lo que les acontece en sus vidas. El Locus de Control se presenta como un continuo que va desde un Locus de Control Externo hasta un Locus de Control Interno.

Las personas con Locus de Control Externo tienden a atribuir a otros el control sobre las cosas que les ocurren. Y salvan su responsabilidad. Es allí cuando surgen afirmaciones que inculpan a las políticas del gobierno, a otras personas o al destino, por las cosas que les pasan.

Las personas con Locus de Control Interno, por el contrario, conocen su puesto, asumen la responsabilidad sobre los eventos que los afectan y entienden que las cosas que les pasan suelen ser causadas por sus propias decisiones.

El Locus de Control es considerado un rasgo de personalidad; por ende, es relativamente estable en el tiempo. Sin embargo, ello no significa que es inamovible y que no puede ser reeducado y desarrollado. Es un rasgo de personalidad, pero determina la actitud con la que enfrentamos la vida, personal y profesional. Por ende, es susceptible de ser entrenado y modificado.

El Locus de Control Interno es indispensable para el emprendedor. ¿Por qué es este tema tan importante para nuestra visión como empresarios? Porque solamente cuando actuamos desde un Locus de Control Interno podemos asumir control sobre nuestros negocios y desarrollarlos hacia la meta deseada. De esta forma, logramos asumir la responsabilidad, sin la carga de miedo y culpa que ella podría acarrear.

Por supuesto, existen infinidad de elementos externos que están fuera de nuestro control y que nos afectan, en lo personal y profesional. Sería ingenuo negarnos a esta realidad. Empero, cuando actuamos desde un Locus de Control Interno, entendemos y asumimos que tenemos la potestad de ajustar nuestras decisiones y, si bien no podemos cambiar los eventos externos, podemos navegarlos mejor ajustando nuestras decisiones con flexibilidad para permitir siempre el mejor desempeño, dentro de las circunstancias que se nos presentan.

En pocas palabras, los emprendedores sentimos miedo porque nos enfrentamos a la incertidumbre y la ambigüedad, y porque tenemos la responsabilidad de tomar decisiones que afectan a nuestros entornos, nuestros negocios, nuestros colaboradores, nuestros clientes y, también, a nosotros mismos. Para lograr transitar con éxito la ruta del emprendimiento y reducir el miedo asociado al mismo, tenemos dos recursos fundamentales: aminorar la incertidumbre mediante la búsqueda de información y asumir la responsabilidad desarrollando un Locus de Control interno.

Los próximos capítulos te ayudarán a entender mejor los diferentes miedos que enfrentamos como emprendedores y cómo desarrollar estos recursos para confrontarlos.

Capítulo 4
La rueda de los 8 miedos del emprendedor

"El hombre valiente no es el que no siente miedo, sino aquel que conquista el miedo"

Nelson Mandela

El origen del modelo

Comencé a interesarme en el tema de los miedos del emprendedor motivada por un artículo que debía escribir para mi blog Eslabones de Negocio (eslabonesdenegocio.com). En ese momento, era apenas un artículo más. No pensé que el tema me iba a interesar tanto como para seguir investigando, realizar un estudio y escribir un libro. Lejos estaba en ese momento de saber que estaría hoy metida de cabeza en algo con capas y capas de hallazgos.

Cuando escribo para mi blog, siempre llevo a cabo una rutina preliminar de investigación sobre el tema del artículo. En aquel momento, mi búsqueda se enfocó en encontrar y listar los principales miedos que enfrentamos los emprendedores. Para mi sorpresa, encontré muchísimas y muy diversas aproximaciones y versiones. Algunos autores planteaban tres miedos, otros cinco, otros diez, otros veinte y hasta veintiocho (creo que ese fue el listado más largo que encontré). Ante tan frondosa variedad, el ejercicio que decidí realizar en ese momento, con miras a poder escribir el artículo, fue listar todos los miedos diferentes, agruparlos, eliminar repetidos, unificar en un mismo término los que semánticamente eran equivalentes y, luego, intentar clasificarlos según factores o dimensiones mayores.

A partir de tal ejercicio preliminar de organización de la información que otros autores habían discutido y propuesto, desarrollé la base inicial para el modelo conceptual que comparto en este libro.

Al organizar todo ese largo listado de miedos que hallé, me percaté, en primer lugar, que podía agrupar todos los miedos en dos grandes dimensiones. Puesto que los miedos en general son respuesta a la incertidumbre que generan los cambios, me di cuenta de que estos cambios pueden ocurrir en las condiciones internas de la persona o en las circunstancias del entorno. Con base en ello, este modelo conceptual parte de una clasificación general en dos grandes tipos de temores: el miedo a lo que puede ocurrir y el miedo a cómo nos vamos a sentir.

Eso genera la primera gran división de los miedos en dos dimensiones principales:

1. **Miedos a los cambios externos, a que ocurran cosas fuera de nosotros.** Se refiere a los miedos que tienen que ver con situaciones que cambian las condiciones en las que nuestros negocios se desarrollan o la forma como nuestro entorno aprecia o valora nuestros productos o servicios. Son miedos a que "pasen" cosas, a consecuencia de algún cambio que genera incertidumbre.

2. **Miedos a los cambios internos, a que ocurran cosas internamente en nuestra mente.** Se refiere a los miedos que tienen que ver con situaciones que cambian la forma como nos sentimos respecto a nuestro emprendimiento o a nuestro entorno. Son miedos por "sentir" cosas o "pensar" cosas, a consecuencia de algún cambio que genera incertidumbre.

Luego, me concentré en los miedos que cabían dentro de cada una de estas dimensiones. Y con base en la organización de los mismos definí cuatro miedos fundamentales en cada una de esas dimensiones, para llegar a un modelo conceptual que propone ocho miedos en el emprendedor. Cuatro de ellos son miedos a que ocurran cosas y los otros cuatro son miedos a sentir cosas.

La versión original de este modelo conceptual puedes encontrarla en mi primer artículo sobre este tema en mi blog, que data de marzo de 2021.

El modelo conceptual

Una vez que tomé la decisión de profundizar en este tema, más allá de un artículo en mi blog (eslabonesdenegocio.com), y comencé a escribir este libro, entendí que era indispensable validar ese modelo conceptual con el apoyo de datos empíricos. Para ello se hacía imprescindible realizar una investigación. Así, en marzo de 2023 desarrollé un cuestionario que fuera base para llevar a cabo un estudio entre emprendedores. [1]

A partir de los resultados, validé algunos elementos del modelo original y ajusté otros. Así pude cuantificar la intensidad de los diversos miedos propuestos en el modelo conceptual. Esos miedos que había descrito inicialmente en la primera versión, la que presenté en el primer artículo sobre este tema en mi blog, tuvieron algunas variaciones y ajustes. Todo esto era esperable y deseable. Fue la razón de ser de llevar a cabo un estudio en lugar de sólo limitarme al modelo conceptual inicial.

A continuación, te comparto ese modelo conceptual, tal como fue reestructurado luego de los resultados de la validación empírica con el estudio.

Los miedos que enfrentan los emprendedores pueden clasificarse inicialmente en dos grandes dimensiones:

---

1 En el apéndice al final del libro puedes encontrar más detalles acerca de la metodología utilizada para la recolección de datos y el consiguiente análisis de resultados de este estudio.

1. Miedos a eventos externos
2. Miedos a eventos internos

Dentro de cada una de esas dos grandes dimensiones, podemos identificar un total de ocho miedos básicos. Cuatro de ellos son miedos que responden a eventos externos y los otros cuatro son miedos que responden a circunstancias internas. El modelo se resume tal como se muestra en la figura a continuación (Figura 2):

Figura 2 – Modelo conceptual los 8 miedos del emprendedor

Los miedos a eventos externos se refieren a temores causados por cosas que ocurren, o pueden ocurrir, en nuestro entorno. Son miedos a que "ocurran" cosas. Por el contrario, los miedos a eventos internos se refieren a los que se originan en asuntos que podemos sentir, presentir o pensar, nosotros, internamente. Son miedos a "sentir" cosas.

Los cuatro miedos que califican dentro de la primera dimensión (miedos a eventos externos o a que pasen cosas) los he categorizado como:

1. Miedo a las pérdidas económicas: Esto es, a no generar ingreso suficiente para cubrir los gastos del negocio, para generar ingresos para su familia e incluso temor a perder los recursos invertidos.

2. Miedos a los cambios en las reglas del juego: Miedo, por ejemplo, a nuevos impuestos, leyes o regulaciones que pudieren impactar negativamente el negocio. O miedo a problemas globales de la economía nacional y mundial.

3. Miedo a la competencia: Temor a que mi competencia sea más fuerte, tenga mejores productos y servicios y me expulse del mercado o haga algo que dañe severamente mi imagen de marca y mi reputación como empresario.

4. Miedo a los problemas operativos: Miedo a problemas, desavenencias y disgustos con empleados, socios o incluso con familiares y amigos. Miedo a que surjan contratiempos que me impidan entregar productos y servicios con calidad y/o a tiempo.

Los cuatro miedos que califican dentro de la segunda dimensión (miedos a eventos internos o a sentir cosas) los he definido como:

5. Miedo a sentirse incapaz: Miedo a no conocer suficientemente de mi sector de negocio, a no tener conocimiento para tomar decisiones adecuadas, a verme obligado a pasar momentos desagradables por mi desconocimiento.

6. Miedo a sentirse fracasado: Miedo a darme cuenta y tener que aceptar que no han sido logrados los objetivos, sentir en carne propia el fracaso, sucumbir y sentir derrotismo. Miedo a no ser capaz de gerenciar, a no ser eficiente, eficaz y efectivo en la toma de decisiones.

7. Miedo a sentirse incómodo: Miedo a tener que asumir decisiones incómodas, exponerme a situaciones desagradables, verme obligado a hacer cosas que no me gustan o que no me siento seguro haciendo.

8. Miedo a sentirse juzgado: Miedo a que familiares y amigos piensen que es una mala idea, desaprueben mi negocio, piensen que no tengo la capacidad para llevarlo adelante o se decepcionen de mí.

No todos los miedos aparecen al mismo tiempo. No necesariamente un mismo emprendedor llega a enfrentar todos estos miedos, por supuesto no en el mismo momento, pero a veces tampoco a lo largo de su recorrido por el camino del emprendimiento. Es posible, por ejemplo, que un emprendedor sienta al comienzo con mayor intensidad el miedo a sentirse incapaz y, a medida que su emprendimiento madura y evoluciona, puede enfrentar más intensamente el miedo a la competencia. Los miedos son dinámicos y cambiantes, entre diferentes emprendedores y también a lo largo de la experiencia de un mismo emprendedor.

Los resultados del estudio realizado permitieron identificar la importancia relativa de los miedos en el grupo de emprendedores de la muestra, tal como se ve en las figuras 3 y 4 a continuación. La figura 3 los muestra en la misma rueda, separando a un lado los externos y al otro los internos. La figura 4 contiene los mismos datos, pero los muestra en orden de importancia descendente. Recordemos que los miedos son dinámicos y cambiantes, a consecuencia de las variaciones de los mercados y para diferentes momentos históricos, geografías y sectores de emprendimiento. En ese sentido, la importancia relativa de los 8 miedos podría variar con el tiempo o manifestarse de forma distinta en diferentes subgrupos de emprendedores.

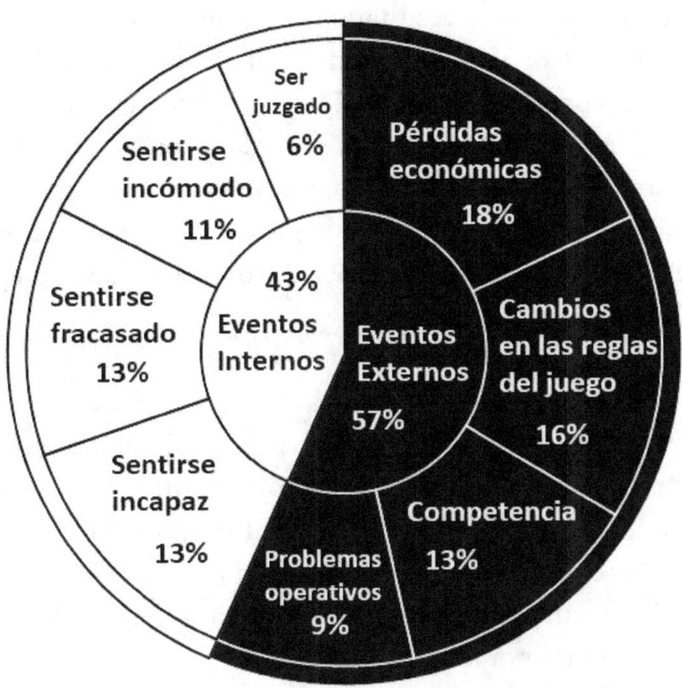

Figura 3 – Importancia relativa de los 8 miedos del emprendedor

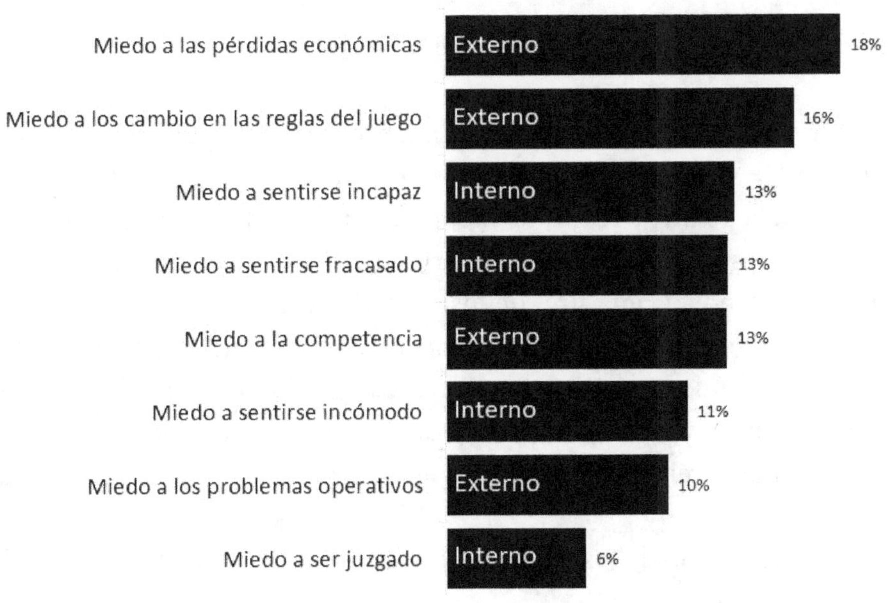

Figura 4 – Importancia relativa de los 8 miedos del emprendedor

De acuerdo con estos resultados, los miedos a eventos externos son más relevantes o, al menos, son reportados como tales por más emprendedores, con más intensidad. Dentro de ellos, el miedo reportado con mayor frecuencia es el miedo a las pérdidas económicas, seguido por el miedo a cambios en las reglas del juego. Estos son los dos principales miedos no sólo dentro de esta dimensión, sino en lo general. Los miedos a eventos externos dan cuenta del 57% de todos los miedos reportados por los emprendedores.

Los miedos a eventos internos son tanto menos relevantes, aunque no despreciables. Dentro de ellos, los dos más reportados por los emprendedores son el miedo a sentirse incapaz y el miedo a sentirse fracasado. Ambos tienen una importancia relativa e intensidad muy similar y constituyen los dos primeros dentro de esta dimensión, ocupando posiciones tercera y cuarta a nivel general. Los miedos a eventos internos llegan al 43% de todos los miedos reportados por los emprendedores.

La estructura de análisis de los miedos

En capítulos siguientes, profundizaremos en cada uno de estos miedos. He organizado las dos próximas partes en función de la importancia relativa real que encontré a partir de los resultados del estudio. De este modo, hablaremos primero de los miedos originados por eventos externos y cada uno de los cuatro tendrá un capítulo, estando organizados en el orden de importancia relativa e intensidad reportados por los emprendedores. Luego pasaremos a conversar sobre los miedos originados por eventos internos e igualmente los trataremos en el orden de importancia relativa e intensidad encontrados.

Para cada uno de los ocho miedos, el capítulo estará organizado de la siguiente manera:

1. Discusión conceptual de lo que es ese miedo y qué involucra.

2. Análisis de los efectos que la presencia de ese miedo acarrea para tu negocio.

3. Identificación de las señales que te pueden indicar que estás experimentando ese miedo en particular.

4. Sugerencia de vías de acción que pueden permitirte enfrentar y superar con éxito ese miedo específico.

Está organizado de esta forma para que sea muy estructurado y pueda servirte realmente como una guía práctica con consejos que puedas aplicar con éxito en el día a día de tu negocio.

PARTE II
MIEDOS A CAMBIOS EXTERNOS

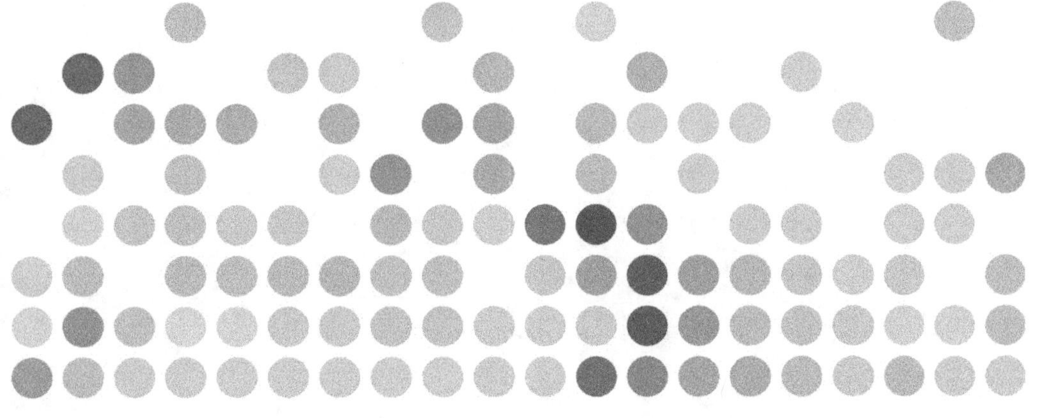

Capítulo 5
Miedo a que ocurran cosas

"No puedes dejar de estar asustado solo pretendiendo que todo lo que te asusta no existe"

Michael Marshall

Vamos a concentrarnos en esta segunda parte del libro en los miedos que he denominado miedos a eventos externos, o miedos a que "ocurran" cosas. Es decir, miedos a acontecimientos que transcurren fuera de nosotros, en nuestro entorno. Se trata de acontecimientos reales, que efectivamente pasan.

De allí, la selección de la frase de Michael Marshall con la que inicio el capítulo. Cuando hablamos de este grupo de cuatro miedos que se refieren a eventos externos, nos referimos a cosas que existen, que son objetivas y que transcurren en el entorno en el que nuestro emprendimiento se desarrolla. No nos referimos a cosas imaginarias o que forman parte de nuestro mundo emocional o nuestro ingenio, sino eventos objetivos y reales. Como son situaciones y eventos reales, el ignorarlos no es una solución efectiva, ya que cerrar los ojos a ellos no los harán esfumarse.

Cuando éramos niños y teníamos miedo al monstruo debajo de la cama, era posible que ignorarlo y pensar en otra cosa fuera una estrategia útil, pero cuando nos referimos a amenazas que son hechos concretos y reales que pueden ocurrir o que efectivamente ocurren, la estrategia debe pasar por aceptar que existen y entenderlos, para poder enfrentarlos. En el ámbito de los negocios los monstruos existen. No son producto de la fértil imaginación.

De acuerdo con este modelo que he desarrollado y te propongo, los miedos a eventos externos son más relevantes o, al menos, son reportados como tales por más emprendedores, con mayor intensidad que los miedos a eventos internos. Los miedos a eventos externos dan cuenta del 57% de todos los miedos reportados por los emprendedores.

Dentro de esta gran dimensión de miedos a eventos externos -o miedos a que ocurran cosas- he incluido cuatro miedos básicos que enfrentamos los emprendedores:

1. **Miedo a las pérdidas económicas:** Miedo a no generar ingreso suficiente para cubrir los gastos del negocio, para generar ingresos para su familia y perder los recursos que se invirtieron.

2. **Miedo a los cambios en las reglas del juego:** Miedo a la aparición de impuestos, leyes o regulaciones que afecten negativamente el negocio. Miedo a problemas globales de la economía nacional y mundial.

3. **Miedo a la competencia:** Miedo a que mi competencia sea más fuerte, tenga mejores productos y servicios y me saque del mercado o dañe mi imagen.

4. **Miedo a los problemas operativos:** Miedo a problemas y disgustos con empleados, socios o con mi familia y amigos. Miedo a que ocurran inconvenientes que me impidan entregar productos y servicios de calidad o a tiempo.

Miedo a las pérdidas económicas

El miedo a las pérdidas económicas es el principal miedo que reportan los emprendedores. El más frecuente y el más intenso. Representa el 18% de todos los miedos, internos y externos y se presenta con una intensidad promedio de 50%. Esta es la intensidad más alta que encontramos en el estudio realizado. Si todos los emprendedores hubiesen dicho que "siempre" sienten todos los miedos incluidos en esta clasificación, la intensidad hubiese sido del 100%. Lo máximo posible: que todos los emprendedores sientan siempre todos los miedos relativos a las pérdidas económicas. De ese total posible de miedo absoluto, encontramos reportado un 50%, en promedio.

El miedo a las pérdidas económicas incluye el miedo relacionado con el dinero y recursos disponibles, tanto para mantener la operación en marcha como para cubrir los gastos personales y familiares, así como la posibilidad real de recuperar la inversión inicial que se hizo en el negocio.

Cuando los emprendedores reportan este miedo, indican que tienen miedo a que el negocio quiebre y el dinero invertido se pierda. Que tienen miedo a que la operación no genere suficientes recursos para cubrir sus costos y sea necesario agregar fondos adicionales para continuar operando. Que tienen miedo a que no se obtengan recursos suficientes como para pagarse un salario y poder cubrir con ello todos los gastos personales y familiares, dentro del estilo de calidad de vida deseado, o que no se generen suficientes beneficios como para que el negocio crezca y se desarrolle.

Cuando se inicia un negocio, hacen falta recursos. Muchas veces, se utilizan recursos propios. Otras veces se utilizan recursos de inversionistas externos que han confiado en ti y creen en tu proyecto, con la expectativa de que esa inversión les genere un beneficio superior al que obtendrían con otro tipo de inversión financiera. Bien sea que se trata de recursos propios o de terceros, la expectativa siempre es que el resultado económico será más favorable que el que podría obtenerse si esos mismos recursos se colocaran en inversiones financieras, por ejemplo, o en otro tipo de negocio. Nadie inicia un negocio con la intención de perder dinero o generar menos beneficio económico que a través de una inversión diferente.

El miedo a las pérdidas económicas, entonces, tiene que ver con el miedo a que esas expectativas financieras no se cubran.

Miedo a los cambios en las reglas del juego

El miedo a los cambios en las reglas del juego es el segundo miedo que reportan los emprendedores. El segundo más frecuente y el segundo más intenso. Representa el 16% de todos los miedos, internos y externos y se presenta con una intensidad promedio de 44%.

El miedo a los cambios en las reglas del juego incluye el miedo a la situación del entorno en el cual se desarrolla nuestro negocio.

Cuando los emprendedores reportan este miedo, indican que tienen miedo a que las condiciones y supuestos actuales, sobre los cuales se desarrolla su negocio, cambien. Tienen miedo, por ejemplo, a que el gobierno decida crear nuevos impuestos que afectan específicamente al sector de negocio en el que opera su emprendimiento, o que se instituyan reglas y regulaciones nuevas que cambien lo que es posible o no hacer dentro del sector. También reportan aquí el miedo a que la situación económica del país (o países) en que trabajan se deteriore y afecte negativamente la operación, o que la economía global presente problemas o crisis, cambiando el entorno general dentro del cual se inserta su emprendimiento.

Cuando se inicia un negocio, se hacen una serie de supuestos, tanto económicos como operacionales, basados en las realidades del mercado en ese momento. Se toman decisiones económicas, de estructura operacional, de procesos, en base a esos supuestos, ya que es la realidad, lo que conocemos. Sin embargo, es claro que esas condiciones del entorno están fuera de nuestro control. Nos movemos en el mismo, pero no tenemos poder de decisión sobre ciertas cosas. Y como todo es dinámico y sujeto a cambios, hay una alta posibilidad (casi una certeza) de que esos supuestos cambiarán o evolucionarán en algún momento.

Dependiendo del sector de tu negocio o de la geografía en la que te encuentres, esos cambios pueden ser más lentos o más rápidos. Pero es inevitable enfrentarlos, alguna vez. Cambios políticos, económicos. Incluso cambios tecnológicos, culturales.

El miedo a los cambios en las reglas del juego, entonces, tiene que ver con el miedo a que esos cambios ocurran, nos tomen desprevenidos. Y nos afecten negativamente.

Miedo a la competencia

El miedo a la competencia es el quinto en importancia entre los miedos que reportan los emprendedores. El quinto más frecuente y el quinto más intenso. Representa el 13% de todos los miedos, internos y externos y se presenta con una intensidad promedio de 35%.

El miedo a la competencia incluye el miedo a la aparición de nuevos competidores, de nuevos productos o servicios, en especial a la posibilidad de que sean superiores en calidad a los que ofrezco con mi emprendimiento, o que satisfagan mejor las necesidades de mis clientes. Una competencia fuerte, agresiva, puede sacarme del mercado o dañar mi imagen.

Cuando se inicia un negocio, muy probablemente se hace dentro de un entorno con una competencia establecida y tal vez consolidada. Incluso si somos pioneros en un segmento, es posible que compitamos con otro tipo de productos o servicios sucedáneos, esto es que atienden a las mismas necesidades, o similares, aunque no sean exactamente iguales a los nuestros. A medida que los mercados evolucionan, la competencia cambia y se transforma también. Podemos ser líderes hoy, pero un nuevo competidor puede surgir salir adelante con más ímpetu mañana y ponernos en jaque.

El miedo a la competencia, entonces, tiene que ver con temer que nuestros competidores tomen medidas más acertadas y puedan quitarnos posición en el mercado.

Miedo a los problemas operativos

El miedo a los problemas operativos es el séptimo en importancia entre los miedos que reportan los emprendedores. El séptimo más frecuente y también el séptimo en intensidad. Representa sólo el 9% de todos los miedos, internos y externos y se presenta con una intensidad promedio de 28%. Eso significa que tiene casi la mitad de intensidad que el primero y más fuerte, que vimos al comienzo de este capítulo, a saber, el miedo a las pérdidas económicas.

El miedo a los problemas operativos incluye temor a enfrentar problemas y disgustos con empleados, socios o con la familia y amigos. También, miedo a que surjan inconvenientes o imprevistos que obstaculicen o hasta impidan entregar productos y servicios con calidad y/o a tiempo.

Cada negocio cuenta con un conjunto de sistemas y procedimientos. Hay una forma de hacer las cosas, un equipo de trabajo, un proceso que usualmente se sigue. Al menos, idealmente debe ser así. Si no contamos con esto, es evidente que las probabilidades de enfrentar problemas se multiplican. Pero incluso si asumimos que tenemos sistemas y procedimientos eficientes, que funcionan, y que contamos con equipos de trabajo adecuadamente entrenados, siempre existe la posibilidad de que algo falle.

Seguramente has escuchado hablar sobre las leyes de Murphy. No está totalmente claro el origen, pero lo que logré dilucidar es que fueron enunciadas por un ingeniero aeroespacial estadounidense, en la década de los 40, quien afirmó alguna vez que *"si hay alguna forma de que las personas hagan algo mal, seguramente lo harán"*. A partir de ella se han desarrollado muchas variantes, todas referidas a resultados negativos y fatalistas de los esfuerzos de las personas, en los que los contratiempos se imponen como la norma. La primera ley de Murphy, tal como ha sido popularizada, indica que *"Si algo puede salir mal, saldrá mal"*.

El miedo a los problemas operativos representa exactamente el miedo a que Murphy haya tenido razón y algo pueda, efectivamente, salir mal. Y si algo sale mal, la consecuencia inmediata es que hay que enfrentar un problema, buscar soluciones, cambiar rumbo, tomar decisiones, para evitar la fatalidad de perder clientes y dinero o, peor aún, salir del mercado. Adicionalmente, una parte importante de este miedo es el temor a que los problemas que enfrento a consecuencia de estos inconvenientes me traigan no solamente problemas operativos, sino que acarreen ruptura de relaciones con personas que valoro, amigos, familiares, socios, clientes, empleados, colegas.

A muy grandes rasgos, éstos son los cuatro miedos que obedecen a eventos externos. Son miedos a la posibilidad de que ocurran cosas, en mi mercado, en mi entorno, en mi negocio, que afecten negativamente mi capacidad de salir adelante, generando disrupción en mis procedimientos y en los planes que tengo para poder alcanzar el éxito y acarreando consecuencias negativas que incluyen pérdidas económicas, de cartera de clientes y de porcentaje de mercado, daños en la imagen y ruptura de relaciones.

En los próximos capítulos nos concentraremos en cada uno de ellos y aprenderemos a identificarlos y, lo que es más importante, a superarlos con éxito.

Capítulo 6
Miedo a las pérdidas económicas

*"Somos más sensibles al miedo de perder
que al deseo de ganar"*

Joselyn Quintero

¿Qué es y qué involucra el miedo a las pérdidas económicas?

Ya sabemos que el miedo a las pérdidas económicas es el principal temor que reportan los emprendedores. Según el estudio que realizamos, representa el 18% de todos los miedos, internos y externos y se presenta con una intensidad promedio de 50%.

Cualquier emprendimiento, por pequeño que sea, exige una inversión de capital. No siempre estamos hablando de grandes cantidades de dinero, pero casi con seguridad un emprendimiento requerirá invertir en equipos, materiales, licencias, servicios, infraestructura, productos. Eso sólo para arrancar. Muchas veces, se utilizan para ello recursos propios. Pueden ser ahorros o algún dinero extra que se ha estado reservando para ello. Otras veces, se utilizan recursos de terceros. Recursos de familiares o amigos, o también de inversionistas externos, personas que han confiado en ti y creen en tu proyecto.

Cuando invertimos dinero en un nuevo negocio, la expectativa lógica es que esos recursos invertidos generen un beneficio superior al que podríamos obtener por la vía de otro tipo de inversión financiera. Si, por ejemplo, podemos obtener un rendimiento de 5% anual dejando ese dinero en el banco, pero las proyecciones financieras de nuestro proyecto nos conducen a pensar que puede generarnos un 10% de beneficio anual, tendemos a pensar que invertirlo en ese negocio es más rentable. Por supuesto, esto es una explicación muy simplista, ya que debemos también considerar los niveles de riesgo involucrados en ambas opciones Pero da una idea del concepto. Si, por el contrario, las proyecciones financieras de nuestro proyecto nos indican que lograremos un 4% de beneficio, posiblemente estemos más tentados a dejar esos recursos en el banco o a reestructurar el modelo de negocio para lograr que genere un mejor margen de ganancia.

Para muchos emprendedores, el principal temor a la hora de iniciar su proyecto es el miedo a que esa inversión se licúe, es decir, que ocurran pérdidas económicas. Y esto lo frena inevitablemente, lo cual es de suyo comprensible. En general, siempre que invertimos recursos, bien sea en un proyecto o en algún tipo de opción financiera, esperamos con ilusión el retorno positivo y el crecimiento de nuestro capital. Te lo mencioné antes, y te lo repito ahora: nadie inicia un negocio para perder dinero o generar menos beneficio económico que a través de una inversión diferente.

En el caso del emprendimiento, el miedo a las pérdidas económicas involucra al menos tres miedos que son similares o relacionados, pero bien diferenciados:

1. **Miedo a perder la inversión.** Esto implica el miedo a que el negocio no funcione y sea necesario suspenderlo o cerrarlo, con la consecuente pérdida del dinero y el esfuerzo invertidos en arrancarlo. Digamos que es el caso más extremo del fracaso económico: pérdida total del capital invertido.

2. **Miedo a no generar suficientes ingresos y no poder confrontar los compromisos económicos del negocio.** Generalmente los emprendimientos toman un cierto tiempo hasta que se resarce los gastos iniciales y las inversiones y comienzan a producir beneficios contantes y sonantes. En ese tiempo, es posible que haya meses con contabilidad en rojo (con pérdidas) o con escasos

márgenes de ganancia. Esto hace que el emprendimiento no siempre permita al emprendedor un flujo de caja adecuado para cumplir con todos los compromisos económicos del negocio.

3. **Miedo a no generar un ingreso estable a nivel personal.** Finalmente, aunque el negocio logre arrancar y se comiencen a cubrir sus gastos, el tener un negocio propio implica que el ingreso para asegurar la calidad de vida tuya y de tu familia depende de tu propio esfuerzo. Mientras que cuando eres empleado tienes asegurado tu salario mensual, cuando trabajas en tu propio proyecto es posible que un mes sea mejor que otro. La idea es que puedas generar suficiente ingreso siempre, pero a veces ocurre que las ventas caen, por diversas razones, y tal vez el ingreso no sea suficiente para cubrir tu propio salario.

En todo caso, el miedo a que el dinero no sea suficiente o se pierda, lleva a muchos a seguir el consejo de *"Más vale pájaro en mano que cien volando"*, y prefieren asegurar su ingreso y condiciones económicas actuales, decidiendo no emprender, en lugar de correr el posible riesgo que implica dejar el salario mensual estable y asumir el reto de emprender por cuenta propia. Los miedos a las pérdidas económicas, entonces, tienen que ver con el miedo a que esas expectativas financieras no se cubran.

Efectos en tu negocio del miedo a las pérdidas económicas

Cuando sientes miedo a las pérdidas económicas, lo que posiblemente ocurra con más frecuencia es que seas en extremo cauto con el dinero que inviertes en el negocio. Ese comportamiento, aunque te hace sentir que estás en control y que minimizas el riesgo, realmente puede llegar a impactar negativamente tu emprendimiento, estancándolo e impidiendo su desarrollo.

Algunos de los efectos negativos que el miedo a las pérdidas económicas puede tener sobre tu negocio son los siguientes:

1. **Falta de inversión:** El miedo a las pérdidas puede llevarte a reducir las inversiones en áreas que son relevantes para el éxito de tu negocio, por ejemplo, el desarrollo de nuevos productos, investigación y desarrollo, contratación de personal más calificado o mejora en equipos, sistemas e infraestructura.

2. **Toma de decisiones conservadoras:** Si tienes mucho miedo a fracasar económicamente, es posible que asumas una postura demasiado conservadora y cautelosa y evites tomar algunos riesgos que son imprescindibles para el crecimiento y la innovación. Esto puede frenar el desarrollo del negocio y bloquear tus oportunidades de expansión.

3. **Resistencia al cambio:** Los dos puntos anteriores, falta de inversión y decisiones conservadoras, pueden generar reticencia y resistencia al cambio dentro de la organización. Al no existir un ambiente propicio para la innovación y el desarrollo, tanto tú como tus colaboradores pueden aferrarse a las prácticas existentes y resistirse a la adopción de nuevas tecnologías o nuevas estrategias comerciales. Terminan acostumbrándose a hacer siempre lo mismo y, en mercados dinámicos y en constante evolución como los que vivimos en estos momentos, definitivamente constituye una desventaja para tu emprendimiento.

4. **Estancamiento:** El miedo al fracaso económico, puede conducirte a tener un enfoque excesivo en la supervivencia a corto plazo, en lugar de buscar oportunidades de crecimiento a largo plazo. Cuando no trabajas a favor de una visión telescópica de tu negocio a largo plazo lo estancas y pones en peligro su viabilidad y la sostenibilidad.

5. **Pérdida de confianza de los clientes:** Si tus clientes perciben que tu negocio está constantemente preocupado por las pérdidas y no está dispuesto a invertir en su mejora o desarrollo, es posible que pierdan la confianza en tu empresa. Esto puede conducir a una disminución en las ventas y una consecuente pérdida de tu porción de mercado.

6. **Impacto en la moral de tus colaboradores:** Tu propio miedo a las pérdidas puede contaminar a tu equipo y puede generar un ambiente de trabajo tenso y ansioso. Los empleados pueden sentirse inseguros sobre su empleo y temer por su estabilidad financiera pues si tú, que eres quien está al frente, tienes miedo de no generar suficientes ingresos, ¿cuánta confianza pueden tener ellos de la estabilidad de su empleo y el futuro de su desarrollo profesional? Esto puede afectar negativamente su moral, su motivación y su compromiso con el trabajo, lo que a su vez puede impactar el desempeño general del negocio, o incluso hacer que dejen tu empresa y se muevan a otra que perciban como más segura y estable.

Señales de que tienes miedo a las pérdidas económicas

¿Cómo saber que efectivamente tienes miedo a las pérdidas económicas? ¿Cómo lograr discernir esa tenue frontera entre ser suficientemente precavido como para no exponer tu negocio a riesgos innecesarios, pero al mismo tiempo no ser tan cauteloso que por evitar todo riesgo lo dejes aparcado?

Es claro que no hay una respuesta única. Sin embargo, el primer síntoma al que hay que estar atento es la reiteración y frecuencia de algunas de las siguientes conductas. Todos tenemos algunos de esos síntomas en algún momento. Lo importante es aprender a discernir entre un temor pasajero, que es sólo una alerta, y un miedo permanente que te causa inconvenientes. Muchos de los síntomas que te describo abajo son a veces justificados y no representan necesariamente un peligro. Lo que debes hacer es un ejercicio de autoevaluación que te permita darte cuenta si alguna, o varias, de esas conductas son tu norma, más que una respuesta coyuntural justificada.

A continuación, listo algunas posibles formas en que este miedo puede manifestarse y algunas preguntas que puedes hacerte. Si respondes afirmativamente a la mayoría de ellas, esto puede hacerte concluir que realmente debes tomar medidas para resolver este miedo:

1. **Resistencia constante a asumir riesgos financieros.** ¿Tiendes a rechazar invertir dinero en oportunidades que tienen cierto riesgo, aunque puedan ofrecerte ganancias potenciales? ¿Hace mucho tiempo que hiciste la última inversión que implicó algún nivel de riesgo? ¿Solamente dispones de cuentas de ahorro o depósitos a plazo fijo, incluso si tienen un rendimiento más bajo que otras inversiones financieras?

2. **Obsesión por el control.** ¿Sientes la necesidad de controlar todos los aspectos de tus finanzas? ¿Te cuesta delegar en otros las responsabilidades financieras de tu negocio? ¿Te causa estrés ver variaciones pequeñas entre las previsiones presupuestarias y las ejecuciones de tu negocio?

3. **Preocupación excesiva por el futuro:** ¿Estás pensando constantemente en la posibilidad de quiebra del negocio? ¿Temes no disponer de fondos para cubrir los gastos del próximo mes, el próximo trimestre, semestre o año?

4. **Tendencia a evitar adquisiciones e inversiones:** ¿Buscas siempre excusas para postergar inversión en equipos, tecnología o sistemas que pueden beneficiar la operatividad empresarial?

¿Sigues esperando que aparezca el "momento perfecto" para hacer esas compras?

5. **Ansiedad y estrés:** ¿Tienes dificultades para dormir o para concentrarte pensando en los pagos pendientes? ¿Te arrepientes con alguna frecuencia de la decisión de haber emprendido?

Vías de acción para enfrentar y superar el miedo a las pérdidas económicas

Como todos los miedos que enfrenta el emprendedor y que analizaremos a lo largo de este libro, el miedo a las pérdidas económicas es posible de ser superado para que no impida que se tomen decisiones favorables para el emprendimiento, pero que al mismo tiempo se proteja la inversión. Debes plantearte dos metas: 1) por una parte, actuar positivamente, evitando quedar paralizado, es decir, aumentar la probabilidad de que la inversión sea exitosa y 2) al mismo tiempo, ser responsable con el nivel de riesgo que asumes, es decir, reducir la probabilidad de la inversión se pierda. Es malo paralizarse por causa del miedo y dejar pasar oportunidades que pueden ser buenas. Pero también es malo ignorar el miedo y lanzarse al agua sin tomar las previsiones adecuadas.

¿Qué puedes hacer para reducir este miedo a las pérdidas económicas? Te listo a continuación algunas estrategias que pueden ayudarte:

1. **Reducir los niveles de incertidumbre:** La mejor forma de reducir el temor a la pérdida económica es reducir toda la incertidumbre que existe alrededor de la inversión y del negocio. En la medida en que hay menos incertidumbre, las decisiones tomadas tienen mayor probabilidad de tener éxito y por ende dar mejores chances de que el negocio sea bueno y haya un beneficio económico, en

lugar de pérdidas. Seamos realistas. Siempre hay un riesgo. El objetivo no es eliminar completamente el riesgo, ya que eso no es posible. El objetivo debe ser reducir el riesgo al mínimo posible.

Ya hemos mencionado anteriormente, que el miedo se genera por la incertidumbre. Al no saber qué puede ocurrir a consecuencia de nuestras decisiones sentimos miedo de tomar la decisión. En consecuencia, la respuesta es sencilla, si logramos reducir los niveles de incertidumbre el miedo se va a reducir, ya que tendremos mayor certeza acerca de las probabilidades de éxito y fracaso de nuestras decisiones.

¿Cómo logras reducir esa incertidumbre? La única respuesta aquí es información. Mientras más información tengas, y de más calidad, estarás en mejores condiciones para prever con más certeza las posibles consecuencias de tus decisiones. Cuando tengas miedo de tomar decisiones por motivo de la incertidumbre, debes procurar leer, investigar, preguntar, buscar toda la información disponible que te ayude a que el panorama futuro sea más claro, menos incierto.

2. **Contar con un plan financiero muy bien elaborado y detallado:** No es posible llevar adelante tu negocio sin tener claros los números. Sé que es uno de los elementos más difíciles para la mayoría de los emprendedores, ya que no es tema de experticia en muchos de los casos. De hecho, creo que este desconocimiento de las bases financieras es uno de los factores principales que genera este miedo tan importante en los emprendedores. A lo largo de la vida de mi blog, Eslabones de negocio (eslabonesdenegocio.com) , he entrevistado a una buena cantidad de emprendedores pequeños y micro. Una de las preguntas que suelo hacerles es cuál fue su principal reto al decidir emprender, el obstáculo más grande a superar. La gran mayoría de los emprendedores que he entrevistado me confiesan que su principal reto fue el manejo financiero.

Tu plan financiero debe estimar todos los números que afectarán las finanzas de tu empresa: estimaciones de ventas, cálculos de costos fijos, cálculos de costos variables, cálculo de los precios de tus productos o servicios, estimación de recursos que necesitas para arrancar, estimación del beneficio esperado, estimación del tiempo que te tomará recuperar la inversión y comenzar a generar beneficios, fuentes de financiamiento (si las requieres). Mientras menos dejes al azar y más definido tengas todo, menor posibilidad de equivocarte y perder dinero.

3. **Asegurar un cálculo de precios que incluya todos los costos:** Un tema que con frecuencia preocupa a muchos emprendedores es el hacer un cálculo adecuado del precio al que va a ofrecer sus productos o servicios en el mercado. Siendo un tema fundamental para el éxito económico de tu emprendimiento, muchas veces hay un gran desconocimiento de todas las implicaciones involucradas en este cálculo.

Es muy importante que calcules adecuadamente los precios a los que debes vender tus productos o servicios. Es frecuente que el déficit en las empresas provenga de estar cobrando un precio equivocado, que no responde a la realidad de los costos, o que no es competitivo para su mercado, o que no se corresponde con los beneficios que ofreces. Tanto si el precio está por debajo, como si está por encima del precio correcto, puedes verte negativamente afectado.

Básicamente, tu precio incluye dos elementos: 1) todos tus costos + 2) un margen de beneficios.

Suena sencillo, ¿Verdad? ¿Por qué entonces es a veces tan complicado calcular el precio? Porque el cálculo de los costos involucra muchas variables. Y si dejas por fuera algunas, tu costo será irreal y, por ende, tu precio no será adecuado.

La idea es que cada unidad de producto o servicio que ofrezcas debe tener incorporados, en alguna proporción, todos los costos en que incurres. Esto incluye: todo tipo de materia prima que requieres, material gastable, costos fijos, gastos de personal (incluyendo tu propio sueldo), profesionales externos, mercadeo, ventas y publicidad, viajes y transporte, gastos financieros, otros gastos y al menos una previsión de 5% adicional para imprevistos. Te sorprenderías de saber la gran cantidad de emprendedores que desconocen cómo incorporar todos estos costos en el cálculo de sus precios.

Si deseas profundizar en este tema, te invito a visitar mi blog Eslabones de negocio (eslabonesdenegocio.com), donde puedes acceder en la sección de descargables a un formato y tutorial para el adecuado cálculo de los precios de tus productos o servicios.

4. **Conocer tu mercado:** Otro elemento crítico para que puedas hacer buenas estimaciones financieras y puedas evitar las pérdidas económicas que frenan al emprendedor, es el contar con estimaciones de venta realistas y precisas. No debes estimar tus ventas posibles solamente en base a lo que quisieras lograr. Trata de estimar lo que es factible con los recursos con los que cuentas y, si los mismos no son suficientes para generar las ventas que requieres, considera incrementar tus recursos o cambiar los sistemas. Oblígate a buscar toda la información que te permita conocer bien tu mercado y definir bien tu modelo de negocio, adecuado a tu consumidor, a los canales en que estás presente y a tu producto o servicio. Resulta de mucha utilidad realizar mercados de prueba en pequeña escala que te permitan entender las posibles reacciones de tus clientes y la aceptación de tu producto o servicio.

5. **Buscar apoyo de profesionales especializados en el área:** Si es necesario, no dejes de recurrir a ayuda contable y financiera,

especializada para asegurar la calidad del análisis. Muchas veces, por ahorrarnos una asesoría especializada al comienzo, nos metemos en inversiones inadecuadas o tomamos decisiones financieras con altas probabilidades de fracaso. Si no provienes del área financiera o contable, o si no conoces adecuadamente las cifras de tu mercado, como para poder hacer estimaciones serias y certeras, lo mejor es que contrates a alguien especializado que pueda apoyarte de forma objetiva y profesional.

6. **Siempre considerar un colchón para amortiguar las caídas:** Es conveniente que siempre te asegures de contar con una reserva económica suficiente para suplir tus gastos personales y familiares por un tiempo, hasta que el emprendimiento comience a generar beneficios. Si es factible, incluso una reserva que permita sufragar también los costos de operación de la empresa por el tiempo necesario hasta que la inversión comience a rendir sus frutos. Si cuentas con esos recursos, automáticamente bajas el nivel de angustia y miedo, al menos durante los primeros meses de trabajo en los que es probable que no generes suficientes ingresos.

Adicionalmente, en tus presupuestos, siempre ten en cuenta un margen de imprevistos. Personalmente siempre he aplicado un 5% de los gastos, pero dependiendo de tu sector de negocio puedes requerir más o menos margen para imprevistos y errores de estimación. Tampoco caigas en la tentación de colocar un margen de error demasiado alto, ya que corres el riesgo de ser ligero y poco riguroso con tus gastos.

Si solamente cuentas con la inversión inicial, y esperas que de inmediato el proyecto genere dinero para cubrir tus costos y asegurarte ingreso, es muy probable que estés caminando sobre aguas turbulentas y que estés asumiendo un riesgo mayor que el recomendado.

7. **Hacer seguimiento continuo:** No basta con tener un plan financiero. Debes hacer un seguimiento continuo de los egresos e ingresos, detallados, y comparados con tus estimaciones. Esto, en períodos cortos (no mayores a un mes), que te permitan visualizar las discrepancias entre tus estimaciones y la realidad de la ejecución, y tomar medidas correctivas a la brevedad.

   Prepara formatos en Excel o algún otro sistema adecuado, en los que registres rigurosamente los indicadores claves de ejecución de tu negocio. Da seguimiento a tus ventas, gastos y beneficios mes tras mes y utiliza esa información para tomar decisiones sobre la marcha, para evitar problemas y pérdidas económicas. Si no validas de cerca tus estimaciones y no las actualizas sobre la marcha, no te darás cuenta si estás o no logrando los objetivos y si podrás o no recuperar tu inversión y generar beneficios en el tiempo que habías previsto.

8. **Aceptar que es inevitable tener algunas pérdidas:** Ten en claro una realidad: es casi seguro que cualquier emprendimiento tendrá algunas pérdidas, en algún momento. En particular al comienzo es casi inevitable. Es parte del proceso de establecerse y de lograr una curva de aprendizaje.

   Lo importante no es que esto no ocurra, sino que lo tengas previsto y estimado lo mejor posible desde antes de iniciar. Con estimaciones adecuadas podrás determinar con bastante precisión cuántos meses requieres estar en rojo, cuándo comenzarás a generar beneficios y cuánto tardarás en recuperar la inversión y comenzar efectivamente a producir ingreso adicional.

9. **Entender la estacionalidad en tu sector de negocio:** Muchos sectores de negocio florecen en algunas épocas del año y son lentos en otras, por la naturaleza misma del tipo de actividad. En la medida en que conozcas y entiendas estas estacionalidades,

te resultará más fácil sentirte en control y tranquilo aun en las temporadas en las que las ventas puedan caer y prepararte para aprovechar la temporada de aceleración de la actividad.

Capítulo 7
Miedo a los cambios en las reglas del juego

"Nada es permanente a excepción del cambio"

Heráclito

¿Qué es y qué involucra el miedo a los cambios en las reglas del juego?

Ese miedo a los cambios en las reglas del juego es el segundo miedo que reportan los emprendedores. El segundo más frecuente y el segundo más intenso. Representa el 16% de todos los miedos -internos y externos- y se presenta con una intensidad promedio de 44%.

El miedo a los cambios en las reglas del juego incluye el miedo a que ocurran cambios en la situación del entorno en el cual se desarrolla nuestro negocio. Cuando los emprendedores reportan este miedo, indican que tienen miedo a que las condiciones y supuestos actuales, sobre los cuales se desarrolla su negocio, cambien. Tienen miedo, por ejemplo, a que el gobierno decida crear nuevos impuestos que afectan específicamente al sector de negocio en el que opera su emprendimiento, o que se instituyan reglas y regulaciones nuevas que cambien lo que es posible o no hacer dentro del sector. También reportan aquí el miedo a que la situación económica del país (o países) en que trabajan se deteriore y afecte negativamente la operación, o que la economía global presente problemas o crisis, cambiando el entorno general dentro del cual se inserta su emprendimiento.

La realidad es que nuestros entornos cambian constantemente, tal como lo expone la frase de Heráclito al inicio este capítulo. Hace apenas tres años enfrentamos inesperadamente una pandemia por el Covid-19, que nadie seguramente tenía prevista en su plan de negocios. Hace un poco más de un año que presenciamos una guerra por la invasión de Rusia a territorio ucraniano. Estas situaciones complejas globales afectan, y afectarán aún más, nuestros mercados. No importa cuán lejos estemos geográficamente de la zona de conflicto, o cuán lejana nos parezca esta realidad de nuestros propios microemprendimientos. Todo esto afecta globalmente nuestras economías y, por ende, altera nuestros mercados. Esta situación desencadena el miedo a que se produzcan cambios en los mercados, que no podemos controlar, que nos cuesta predecir, pero que pueden afectar nuestros negocios ya que se modifican los supuestos en base a los cuales hemos desarrollado nuestros planes.

Los ejemplos de cambios globales que te acabo de mencionar, como pandemias y guerras, son ejemplos de cambios fuertes que afectan a la mayoría de los negocios en mayor o menor medida. No obstante, igualmente nos enfrentamos constantemente a cambios tal vez más específicos de tu sector de negocio o de tu realidad geográfica específica. Me refiero a cosas tales como la aparición de nuevos competidores que podrían desplazarte o superar tus ventajas competitivas, nuevas regulaciones e impuestos que podrían exigir ajustes a tu modelo de negocio, nuevas tecnologías. Incluso, la aparición de productos y servicios sustitutos que podrían potencialmente sacarte del mercado o modas y tendencias más pasajeras.

Todos estos cambios del mercado, de una u otra forma, generan miedo. Y la razón principal por la que este miedo aparece es porque generan incertidumbre en nuestro futuro. Nos nublan la visión de lo que viene y, en consecuencia, se incrementan los niveles de riesgo. Cuando las reglas están claras y son estables, sabemos con mayor certeza qué puede ocurrir y podemos tomar las previsiones necesarias para enfrentar todos nuestros costos, o las condiciones del mercado y del sector. Pero cuando nos modifican las reglas, al menos por un tiempo y hasta que aprendemos las nuevas reglas para participar en el nuevo entorno, sentimos que nos han movido el piso. No queremos actuar porque no sabemos qué puede pasar. No nos alcanzan tal vez los recursos previstos, porque han surgido nuevos costos. O tal vez no sabemos cómo responder a las nuevas tecnologías que ha instrumentado la competencia.

Sabemos que el miedo se desencadena como una reacción ante la percepción de una amenaza potencial. Si desconocemos lo que va a ocurrir y hay un alto riesgo de sufrir consecuencias negativas, sentimos amenazados nuestros negocios. En consecuencia, sentimos miedo.

Cuando iniciamos un emprendimiento, partimos de una situación específica, que ya conocemos. Existe una situación específica a nivel personal, a nivel de nuestro sector, nuestro país, nuestro continente y global. Proyectamos nuestro plan de negocios a un futuro que se basa en unos supuestos, desarrollados partiendo de lo que, a nuestro juicio, tiene mayor probabilidad de ocurrir. Siempre que planificamos, hacemos algún tipo de proyección o estimación. En la medida en que los supuestos en que basamos esas predicciones se cumplan, nuestras decisiones tienen mayor probabilidad de tener el éxito esperado.

Iniciamos nuestro negocio contando con una serie de supuestos, tanto económicos como operacionales, basados en las realidades del mercado en ese momento. Se toman decisiones económicas, de estructura operacional, de procesos en base a esos supuestos, ya que es la realidad, lo que conocemos. Sin embargo, es claro que esas condiciones del entorno están fuera de nuestro control. Aunque nos movemos en ese entorno, no tenemos poder de decisión sobre ciertas cosas. Y como todo es dinámico y sujeto a cambios, hay una alta posibilidad (casi una certeza) de que esos supuestos cambiarán o evolucionarán en algún momento.

Dependiendo del sector de tu negocio o de la geografía en la que te encuentres, esas variaciones pueden ser más lentas o más rápidas. Pero es inevitable enfrentarlas, alguna vez.

Los miedos a los cambios en las reglas del juego, entonces, tienen que ver con el miedo a que esas alteraciones ocurran, nos tomen desprevenidos. Y nos afecten negativamente.

Efectos en tu negocio del miedo a los cambios en las reglas del juego

Cuando sientes miedo a que te cambien las reglas del juego, es muy posible que seas muy conservador en tus decisiones y operaciones. Para evitar exponerte a cambios, preferirás manejarte dentro de lo conocido, lo más estable y con menos posibilidades de variaciones. De esa forma, minimizas la probabilidad de que se presenten cambios.

El principal problema que trae este comportamiento a tu emprendimiento es que te obliga a mantenerte más limitado. Emprendes dentro de unos límites más estrechos, ya que el explorar nuevos horizontes incrementa progresivamente la posibilidad de enfrentarte a cambios. Tus decisiones se mantienen dentro de esquemas esperables. En consecuencia, la posibilidad de innovación y el crecimiento se ven afectados.

Algunos de los efectos negativos que el miedo a los cambios en las reglas del juego puede tener sobre tu negocio son los siguientes:

1. **Innovación limitada:** El miedo a enfrentarte a cambios en tu entorno, te puede conducir a evitarlos internamente en la empresa. Cualquier innovación posiblemente puede exponerte más a cosas que desconoces y, además, las innovaciones generalmente ocurren en sectores del mercado que son dinámicos y en movimiento. Si tienes miedo de exponerte a esos sectores cambiantes, tratarás de preservar lo que tienes antes que innovar.

2. **Ausencia de crecimiento.** Si no innovas y si no deseas exponerte a sectores cambiantes y en desarrollo, posiblemente te quedarás rezagado respecto a tus competidores. Eso, puede limitar el crecimiento y desarrollo de tu negocio.

3. **Resistencia al cambio.** Si tienes miedo a los cambios del mercado, es posible que te sientas cómodo con la forma en que estás haciendo las cosas, sin importar si hay mejores alternativas disponibles. Puedes tener una resistencia a cambiar o a adoptar nuevas tecnologías o prácticas.

4. **Poca flexibilidad.** Cuando tienes miedo y resistencia a los cambios, generalmente eres poco flexible. En términos físicos, cuando algo no es flexible, sino rígido, y es sometido a fuerzas que se oponen a su naturaleza actual, lo que más probablemente ocurra es que se parta, que ocurra un daño estructural. Cuando, por el contrario, la estructura es flexible, la misma cede y se adapta a las fuerzas externas, ajustándose para evitar quebrarse. En el mundo empresarial, podemos tomar este aprendizaje casi textualmente. Si una organización es muy rígida (en cuanto a procedimientos, valores, sistemas, creencias), cuando los entornos cambian y aplican fuerzas opuestas, al no haber flexibilidad lo que termina ocurriendo es que la organización sufre, se afecta negativamente y muchas veces hasta se quiebra.

5. **Enfoque excesivo en tu competencia:** Si tienes miedo a los cambios del mercado, puedes estar demasiado preocupado por lo que hacen tus competidores, y eso puede impedirte centrarte en tu propia estrategia. Puedes pasar demasiado tiempo analizando a la competencia y tratando de imitarlos, en lugar de enfocarte en la satisfacción del cliente y la creación de valor.

Señales de que tienes miedo a los cambios en las reglas del juego

¿Cómo puedes darte cuenta de que tienes miedo a que ocurran cambios en las reglas del juego, cambios en el mercado en que tu emprendimiento participa? A continuación, te listo algunas posibles formas en que este miedo puede manifestarse y algunas preguntas que puedes hacerte, que si respondes con "si" a la mayoría de ellas puede conducirte a concluir que realmente debes tomar medidas para resolver este miedo:

1. **Puertas cerradas al cambio.** ¿Tiendes a rechazar propuestas de cambios que te hacen tus colaboradores o clientes? ¿Tiendes a cuestionar cualquier sugerencia y encontrar fácilmente una "buena razón" (¿O, mejor dicho, una excusa?) para no implementarla? ¿Prefieres los sistemas y procedimientos conocidos?

2. **Carencia de fuentes de información eficientes.** ¿Eres generalmente el último de enterarte de las nuevas tecnologías que afectan tu sector de negocio? ¿Necesitas que tu asesor legal o impositivo te llame para comentarte acerca de una nueva regulación? ¿Son tus colaboradores quienes te cuentan las novedades de tu mercado? ¿Te resulta difícil obtener información histórica del comportamiento de tus clientes?

3. **Te sorprendes ante tu competencia.** ¿Descubres los nuevos productos que ofrece tu competencia cuando estás haciendo tu compra del supermercado, cuando ves nuevos anuncios, o cuando los ves en eventos y convenciones? ¿Te causa sorpresa enterarte que las cifras de ventas de tu competencia han aumentado y están afectando negativamente las de tu negocio?

4. **Dificultades de adaptación.** ¿Cuando te piden cambios o ajustes en los productos o servicios que ofreces requieres de mucho tiempo, esfuerzo y recursos para poder implementarlos? ¿Te angustias ante

la posibilidad de tener que modificar procedimientos actuales? ¿Haces las cosas de la misma forma en que las hacías hace 10 años?

Vías de acción para enfrentar y superar el miedo a los cambios en las reglas del juego

¿Cómo enfrentamos este miedo del emprendedor a los cambios en las reglas del juego en el mercado? Depende en gran medida de nuestro propio esfuerzo de planificación y estudio.

Si planificamos para un futuro que esperamos que ocurra, el éxito en enfrentar el miedo a que ese futuro sea diferente a lo esperado y nos afecte negativamente radica en dos elementos claves: Por una parte, nuestra capacidad para mantenernos informados y al día con la información necesaria que nos alerte a tiempo de posibles cambios y, por otra parte, nuestra capacidad para desarrollar estructuras, modelos de negocio y procesos altamente flexibles, con posibilidad de realizar ajustes rápidos a medida que los cambios del mercado así lo exijan.

Si estamos atentos a los posibles cambios y tenemos la posibilidad de reaccionar, nos sentimos en control y con capacidad de respuesta, en consecuencia, el miedo se reduce.

¿Qué puedes hacer para reducir este miedo a los cambios del mercado? ¿Cómo lograr incrementar la sensación de que tienes el control? Te listo a continuación algunas estrategias que pueden ayudarte:

1. **Desarrollar tolerancia a la ambigüedad:** Es necesario que aprendamos a convivir en armonía con la ambigüedad. Es inevitable que la incertidumbre nos acompañe en nuestro camino, personal y profesional. Ya que es una invitada permanente, es bueno que tratemos de llevarnos bien con ella, puesto que nos

acompañará todo el tiempo. Es mejor tenerla como aliada y no como enemiga. Y, como ocurre con cualquier persona con la que debemos convivir, mejor nos irá en la medida en que mejor aprendamos a conocerla. El desarrollar mayor tolerancia a la ambigüedad implica aprender a permanecer en control ante la incertidumbre, a pesar de la incomodidad que puede generar el no tener las respuestas o no saber hacia dónde te diriges.

2. **Mantener una base actualizada de información continua:** Es vital que cuentes con fuentes variadas, diversas y confiables de información. Requieres información general de la economía y política de las geografías que afectan a tu negocio, información específica acerca del sector en que operas, información interna de tu propio emprendimiento. Como ves, de lo general a lo particular requieres información. Mientras más datos confiables tengas, podrás ver más claro tu panorama futuro. Piensa en la información como los lentes graduados que eliminan la niebla que te impide ver hacia adelante. Cuando eres miope y vas caminando hacia una meta que queda muy adelante, si no llevas los lentes el camino y la meta se ven borrosos. Sin embargo, cuando usas tus lentes, ves más claro y puedes caminar con confianza porque ves mejor tu destino y el camino que llevará en esa dirección. Con la información, ocurre igual, elimina la niebla y la turbulencia y enfoca tu visión del futuro. Con eso, puedes planificar mejor tus acciones estratégicas.

3. **Fomentar comunicación eficiente y constante con clientes, proveedores, colaboradores e incluso con colegas en asociaciones comerciales o profesionales:** Es increíble la cantidad de información valiosa que puedes obtener solamente preguntando y conversando con los otros actores que participan de tu entorno de negocio. Debes enfocarte en escuchar, ver y leer todo lo que pueda aportarte información adecuada. Te conviene mantener bases de datos actualizadas. Debes hacer un esfuerzo

activo por conversar con clientes, colaboradores y proveedores de forma regular. No solamente cuando por casualidad coincides con alguno, sino como algo planificado e intencional, una actividad que tiene un espacio en tu agenda.

4. **Lograr flexibilidad en las operaciones y las estrategias para poder adaptar fácil la operación a cualquier cambio en el mercado:** Cuando las estructuras no son flexibles, al ser forzadas a cambiar de dirección pueden quebrarse. Lo mismo ocurre con las empresas. Cuando tus procesos y la estructura de tu empresa son muy rígidas, los procesos de cambio y adaptación son lentos y eso te impide reaccionar a tiempo a los cambios del mercado. Debes esforzarte en desarrollar un negocio altamente flexible, con mucha capacidad de adaptación y velocidad de reacción. De este modo, aunque solamente alcances a ver hacia adelante en períodos más cortos (porque los cambios del mercado son muy rápidos), podrás ir reaccionando y ajustando lo que sea necesario para poder responder adecuadamente a los cambios del mercado, para tu beneficio.

5. **Desarrollar un pensamiento analítico:** Solamente cuando tenemos conocimiento claro de una situación podemos utilizarlo como soporte a nuestra toma de decisiones. Y el conocimiento implica más que contar con información. Implica una tarea de análisis e integración. La mayor parte de las noticias que nos llegan, que nos pueden ayudar a construir un panorama relativamente claro de la situación futura, realmente constituyen "datos" aislados. Este es el elemento más básico a partir del cual podemos construir un conocimiento sólido. Los datos, siendo el eslabón más básico, deben ser transformados en información y la información, a su vez, debe ser transformada en conocimiento. Sólo cuando hemos convertido los datos en conocimiento podemos efectivamente decir que entendemos una situación y nos sirve como base para tomar una decisión y planificar.

Capítulo 8
Miedo a la competencia

"Es bueno tener una competencia válida.
Te empuja a hacerlo mejor"

Gianni Versace

¿Qué es y qué involucra el miedo a la competencia?

El miedo a la competencia es el quinto en importancia entre los miedos que reportan los emprendedores. El quinto más frecuente y el quinto más intenso. Representa el 13% de todos los miedos, internos y externos y se presenta con una intensidad promedio de 35%.

A menos que nuestro emprendimiento sea un monopolio, la competencia siempre va a existir. Tenerle miedo es normal porque, como no depende de nosotros, no tenemos control sobre sus decisiones ni sobre lo que hace, entonces existe incertidumbre respecto al movimiento futuro en nuestro sector. Y volvemos, una vez más, al mismo concepto que ya hemos repetido varias veces: la incertidumbre y la falta de control es lo que nos genera el miedo. ¿Por qué? Porque nos hace vulnerables y nos lleva a pensar en el peligro de que las acciones que tome nuestra competencia afecten negativamente el éxito de nuestro negocio.

El miedo a la competencia tiene dos formas de manifestarse:

1. **Miedo a que la competencia te desplace y te supere porque tiene mejores productos o servicios:** Esto incluye el miedo a que surjan nuevos competidores, nuevos productos o nuevos servicios. En especial, miedo ante la posibilidad de que sean superiores en calidad a los que ofreces con tu emprendimiento, o que satisfagan

mejor las necesidades de tus clientes. Una competencia fuerte, agresiva, puede sacarte del mercado o dañar tu imagen.

2. **Miedo a que la competencia te copie:** Esto incluye el miedo a que cualquier iniciativa o innovación que tomes pueda ser descubierta por tu competencia e implementada en el mercado antes de que tengas la oportunidad de hacerlo tú.

Cuando se inicia un negocio, necesariamente se hace dentro de un entorno con una competencia establecida. Aun si somos primeros en un segmento, es posible que compitamos con otro tipo de productos o servicios que atienden a las mismas necesidades, o similares, aunque no sean exactamente iguales a los nuestros. A medida que los mercados evolucionan, la competencia cambia y evoluciona también. Podemos ser líderes hoy, pero un nuevo competidor puede salir adelante con más fuerza mañana.

La competencia no es mala. De hecho, es necesaria y positiva. La competencia estimula la innovación puesto que fomenta la necesidad de mejorar, con la consecuente mejora general de los mercados, los productos y servicios disponibles para los consumidores. Por otro lado, la competencia permite un mejor control y estabilización de los precios y obliga a las empresas a ser más eficientes para poder ofrecer productos y servicios con alta calidad y a precios razonables. Cuando no existe competencia, como es el caso del monopolio, la empresa que ofrece el producto o servicio cuenta con un gran poder y mucha mayor libertad para actuar con arbitrariedad, afectando negativamente, en muchas ocasiones, a los clientes y consumidores.

De esta forma, la competencia nos establece un marco de referencia y nos plantea retos y oportunidades, poniendo el poder en manos del consumidor o cliente, quien es el que tiene la última palabra en la selección de los productos y servicios que mejor satisfagan sus necesidades, con la mejor calidad y el mejor precio.

Como la competencia pone el poder en manos del consumidor, la competencia nos produce miedo cuando estamos inseguros acerca de las probabilidades de que los consumidores prefieran nuestros productos. Nos sentimos amenazados porque pensamos que es posible que el consumidor prefiera a otra marca u otra empresa que participa en el mercado antes que a nosotros, con la consecuente pérdida de mercado y facturación.

Efectos en tu negocio del miedo a la competencia

La principal razón por la que el miedo a la competencia afecta negativamente nuestros emprendimientos es porque coloca nuestro enfoque hacia afuera de nuestro negocio en lugar de colocarlo hacia adentro. Nos distrae en preocuparnos más por los negocios de los demás que por los nuestros. Esto puede ocasionar que tomes decisiones a consecuencia de las acciones de otros y no en función de tu propia visión. En resumen, principalmente lo que ocurre es que este miedo convierte a tu emprendimiento en una empresa reactiva antes que proactiva. Si una empresa está constantemente preocupada por lo que hacen sus competidores, puede perder de vista su propia estrategia y su propuesta de valor. En lugar de enfocarse en mejorar sus productos, servicios y experiencia del cliente, la empresa puede gastar la mayor parte de su energía y recursos en tratar de seguir el ritmo de la competencia.

Algunos de los efectos negativos que el miedo a la competencia puede tener sobre tu negocio son los siguientes:

1. **Conducta reactiva.** Cuando tomas decisiones por miedo a lo que pueda hacer tu competencia, estás básicamente respondiendo a eventos o circunstancias después de que ocurren. Cuando desarrollas un comportamiento reactivo, decantas en ser más pasivo y esperar a que las cosas sucedan antes de tomar medidas.

Comienzas a basar tus acciones en exigencias o presiones externas, y puedes llegar a sentirte abrumado o superado por las circunstancias. Cuando te comportas de esta manera, tu empresa se resiente y se afecta negativamente, quedando a la deriva ante lo que ocurra en el entorno de tu mercado meta.

2. **Seguidor antes que innovador.** El miedo a lo que tu competencia pueda hacer te conduce a esperar a que ella actúe antes para luego seguirla. Si bien eso te garantiza mayor seguridad, puesto que ya alcanzas a ver las consecuencias en el mercado de lo que tu competencia hizo, te afecta negativamente pues convierte a tu marca en seguidora, restando liderazgo. Cedes a tus competidores la posibilidad de llevar la batuta. Tu miedo coloca entonces a tu empresa en una posición de seguidor, que limita las posibilidades de desarrollo, crecimiento y diferenciación.

3. **Estancamiento.** El miedo a lo que pueda hacer tu competencia puede llevarte a la paralización. Cuando te congelas, dejas de actuar, te vuelves complaciente y evitas tomar riesgos. Puedes quedarte atascado en las formas tradicionales de hacer las cosas. Esto limita la capacidad de tu empresa para adaptarse a los cambios del mercado y mantenerse relevante. Corres el riesgo de que esa resistencia al cambio comience a formar parte de la cultura organizacional de tu negocio y que tus colaboradores se sientan también amenazados por los competidores y, por tanto, se resistan a la innovación, a adoptar nuevas estrategias o tecnologías, a costa de capacidad para la competitividad que debe ser pivote de tu empresa.

4. **Secretismo excesivo.** El miedo a que tu competencia te gane en el arranque, se anticipe a las posibles innovaciones que deseas instrumentar, puede llevarte a un secretismo extremo. Si bien es necesario mantener altos niveles de discreción y confidencialidad en torno a las innovaciones claves de tu negocio, pues en buena

medida pueden constituir ventajas competitivas, es importante que confíes en tu equipo de trabajo para que puedan trabajar en la misma dirección y desarrollar sinergia. El secretismo excesivo (que se basa en incapacidad para confiar) puede dañar la transparencia, la comunicación, la confianza, la cultura laboral y la capacidad de respuesta de tu negocio.

5. **Falta de confianza.** El miedo a la competencia puede minar la confianza de tu empresa en sus propias habilidades y capacidades. Puede hacer que tu empresa se sienta insegura acerca de su posición en el mercado y crea que siempre está en desventaja frente a sus competidores. Esta falta de confianza fácilmente se transmite a lo largo de toda la estructura de colaboradores y puede llevarte a tomar decisiones conservadoras y evitar asumir riesgos necesarios para el crecimiento.

Señales de que tienes miedo a la competencia

¿Cómo puedes darte cuenta de que tienes miedo a tu competencia? A veces puede haber una línea muy fina entre la necesidad de estar atento a los cambios del mercado y ser flexible para ajustar rumbo acorde con las tendencias, y la respuesta temerosa, reactiva, ante cada movimiento amenazador de tu competencia. Por un lado, se te dice que debes estar alerta y preparado para el cambio, pero por otro lado se te dice que no debes decidir de forma reactiva. Entiendo que puede ser confuso. En última instancia, la clave está en aprender a ser flexible y reaccionar de forma adaptativa a tu mercado, pero manteniendo siempre muy claro cuál es tu norte. Es decir, debes ajustar el rumbo por el que viajas, pero no tu destino.

A continuación, te listo algunas posibles formas en que este miedo puede manifestarse y algunas preguntas que puedes hacerte que si responde con "si" a la mayoría de ellas puede conducirte a concluir que realmente debes tomar medidas para resolver este miedo:

1. **Estrategias defensivas.** ¿Cambias fácilmente tus estrategias cada vez que hay novedades en tu mercado? ¿Reaccionas de manera defensiva ante cada amenaza de tu competencia? ¿Cuando conoces una innovación de tu competencia piensas de inmediato que va a quitarte mercado? ¿Cuando conoces una innovación de tu competencia cambias los objetivos claves de tu empresa? ¿Sientes que tu empresa no se está esforzando por diferenciarse de tus competidores y no está buscando formas de destacar en el mercado? ¿Tiendes a querer imitar lo que hacen tus competidores que les ha funcionado positivamente?

2. **Críticas negativas constantes a tu competencia.** ¿Buscas con frecuencia minimizar las bondades de tu competencia? ¿Te cuesta reconocer que tu competencia está haciendo las cosas bien? ¿Te descubres con frecuencia deseando que tu competencia fracase con su nueva idea, que esa innovación que acaba de ofrecer no cale en el consumidor? ¿Te sientes envidioso o resentido cuanto tu competencia tiene algún éxito?

3. **Inseguridad y falta de confianza.** ¿Piensas con frecuencia que tu propuesta de valor es inferior a la de tu competencia? ¿Dudas de la capacidad de tus productos y servicios para satisfacer adecuadamente las necesidades de tus clientes? ¿Haces con frecuencia ajustes en tus productos y servicios para copiar atributos que piensas que son fortalezas de tu competencia? ¿Te cuesta probar cosas que tus competidores aún no han intentado? ¿Te sientes más cómodo moviéndote dentro de los procedimientos tradicionales que ya conoces que buscando nuevas ideas? ¿El éxito de tus competidores te hace sentir inseguro acerca de tus propias capacidades y habilidades?

4. Obsesión por la competencia. ¿Estás constantemente enfocado en lo que hacen tus competidores? ¿Te encuentras constantemente comparando tus productos, servicios, precios y estrategias con los de tus competidores? ¿Inviertes una cantidad desproporcionada de tiempo y energía monitoreando las actividades y movimientos de tu competencia?

Vías de acción para enfrentar y superar el miedo a la competencia

Una forma sencilla de entender este miedo es ubicarlo en el entorno de la competencia deportiva. Si alguna vez practicaste un deporte competitivo, o si alguien cercano a ti lo ha hecho, posiblemente vas a poder identificarte con el ejemplo. Imagina que formas parte de un equipo de fútbol y el entrenador ha inscrito al equipo para participar en un torneo. Es normal sentir miedo cuando vas a enfrentarte a otros equipos. ¿Cuándo sientes más miedo? pues cuando desconoces el nivel de juego de tu contrincante o cuando sabes con certeza que son muy buenos, mejores que tu equipo. ¿Cómo soluciona el entrenador esta situación? buscando información que le permita entender las tácticas y estrategias del equipo contrario y entrenando a tu equipo para que consolide sus fortalezas y supere sus debilidades. Mientras más seguro te sientas de que tu equipo tiene el nivel requerido para ganar el juego, menor miedo sentirás. Y eso lo logras conociendo a los equipos contrincantes y mediante la preparación y el trabajo duro.

Pues, esa misma fórmula es la que debemos utilizar cuando enfrentamos en nuestra empresa este miedo a la competencia. ¿Cómo podemos hacerlo? A continuación, te listo algunas estrategias que te pueden ayudar a vencer este miedo:

1. **Conocer y analizar a tu competencia.** Al igual que el entrenador de nuestro ejemplo observa y analiza las tácticas y estrategias de los equipos contrincantes, es indispensable que activamente hagas un gran esfuerzo por conocer a tu competencia. Sin perseguirlos de forma obsesiva. Debes saber quiénes son los principales jugadores en su sector del mercado.

   Y no sólo eso, debes averiguar también las razones por las cuales los consumidores los prefieren. ¿Es porque tienen mejor calidad? ¿Porque satisfacen mejor sus necesidades? ¿Porque tienen un precio más atractivo? ¿Porque están más disponibles y son fáciles de encontrar? ¿Porque el consumidor conoce mejor las marcas? ¿Porque está acostumbrado a usarlas? La lista de posibles razones es inmensa.

   Es necesario que entiendas qué percibe el consumidor en tu competencia y qué hace que a veces la prefiera. Para ello puedes recurrir a muy diversas estrategias, desde conversaciones informales con tus consumidores y proveedores, análisis de bases de datos, de contenidos expresados en medios sociales, hasta la realización de estudios de mercado formales, amplios, válidos y exhaustivos.

   Mientras mejor conozcas a tu competencia y entiendas sus debilidades y fortalezas, mejor podrás prepararte para enfrentarla y lograr que los consumidores prefieran a tu marca o empresa, para lograr crecimiento del mercado.

2. **Buscar valor agregado para tus clientes.** Acostúmbrate a escuchar a tus clientes. La única forma de poder satisfacer adecuadamente sus necesidades es conociéndolas bien. Es importante que logres descubrir cuáles son las necesidades de tus clientes que no están satisfechas por la oferta actual. Para ello debes aprender a escuchar, antes que hablar, y aprender a hacer las preguntas adecuadas. El

reto es ir más allá de la necesidad misma y entender el disparador emocional que la activa.

En general, nos gusta más hablar que escuchar. Escuchar se siente como una actitud más pasiva, que coloca el protagonismo en el otro. Y a los emprendedores nos gusta liderar y dirigir la conversación. No siempre somos buenos escuchando. Mientras más nos esforcemos en hablar menos y escuchar más, mejores oportunidades tendremos de conocer a nuestros consumidores de manera más profunda. La escucha no es una conducta pasiva, exige mucha atención, capacidad de análisis y síntesis.

Haz las preguntas adecuadas.

No le preguntes:

- ¿Qué productos nuevos necesitas?
- ¿Qué beneficio adicional a los que tienes quisieras tener?
- ¿Qué puedo ofrecerte para mejorar tu experiencia?

Pregúntale, en cambio:

- ¿Qué necesidades quisieras resolver que no estás resolviendo actualmente?
- ¿Algo te disgusta de los productos o servicios actuales?
- ¿Qué te mueve a usar esos productos o servicios?
- ¿Qué es lo que más te satisface de esos productos o servicios?

3. **Enfocarte en tus fortalezas.** Hay una frase de Kevin Stirtz, experto en mercadeo digital, conferencista y autor de varios libros que dice: *"Descubre lo que tus clientes más desean y lo que tu empresa hace mejor. Enfócate en donde ambas cosas coinciden"*. En lugar de tratar de ver qué hace tu competencia por tu cliente,

concéntrate en descubrir y consolidar tus fortalezas, aquello en lo que eres realmente bueno.

Siempre te va a resultar mucho más fácil apalancarte en lo que dominas, que en tratar de improvisar sobre lo que no dominas, sólo porque tu competencia lo hace.

Por supuesto, esto no significa que te cierres a la posibilidad de aprender nuevas cosas y desarrollar nuevas fortalezas. Lo que quiero que te quede claro es que para poder sobresalir es mucho más eficiente partir de lo que haces mejor.

4. **Enfocarte en tu nicho.** Hay una frase popular que dice: *"Nadie es monedita de oro para gustarle a todo el mundo"*. Significa que no hay forma que logres ser el preferido de todos. Cuando tu cliente potencial es muy amplio y quieres llegarles a todos, es muy difícil que ofrezcas beneficios que satisfagan todas las necesidades. Por ende, terminarás no satisfaciendo a ninguno.

    Seguramente también has escuchado este otro dicho popular: *"Quien mucho abarca, poco aprieta"*. Pues te sugiero que apliques este concepto de forma muy estricta. Aunque la tentación sea definir un público muy amplio, para que mucha gente pueda comprarte, la realidad es que mientras más amplio el alcance que te propones es más difícil acertar en el blanco.

5. **Buscar diferenciación.** No copies a tu competencia. Si el consumidor la prefiere porque es buena en lograr "A", no te esfuerces por copiarla y ofrecer también "A". Busca qué otro beneficio "B" puede estar requiriendo tu cliente, que la actual competencia no lo satisface, y enfócate en desarrollar un producto o servicio que sea diferente e innovador y tenga potencial de ser preferido por tu nicho de mercado porque es único.

6. **Buscar la excelencia.** Tal como lo expresa la frase de Gianni Versace al inicio este capítulo, la competencia es un impulso para ser mejor. Cuando compites en un mercado en el que hay muchos jugadores de gran calidad, te ves en la necesidad de superarte y mejorar constantemente, por vía de la innovación, haciendo más eficientes los procesos y asegurando la calidad.

Como en el ejemplo del equipo de fútbol, a quien el entrenador prepara para mejorar cada día su nivel de juego, igualmente debes trabajar cada día por mejorar tu oferta y tu negocio. Mientras mejor seas, te sentirás más seguro de tus propias capacidades y en consecuencia reducirás el miedo a que tu competencia pueda superarte.

Capítulo 9
Miedo a los problemas operativos

"El mejor enfoque es desenterrar y eliminar
problemas donde se presupone que no existen"

Shigeo Shingo

¿Qué es y qué involucra el miedo a los problemas operativos?

Toda operación puede fallar, hasta la más planificada y perfecta. Es un riesgo que siempre existe. Y esta posibilidad de que algo pueda fallar en el proceso o el plan previsto es el último de los cuatro miedos a que ocurran cosas: El miedo a los problemas operativos.

Cuando hablamos del miedo a los problemas operativos, nos referimos al miedo que produce la posibilidad de enfrentar una situación en la que las piezas no encajan adecuadamente, o al menos no encajan tal como lo habíamos previsto. Esta situación potencial puede afectar negativamente nuestra posibilidad de entregar nuestro producto o servicio con la calidad que deseamos, en los tiempos que prometimos o con el costo adecuado.

El miedo a los problemas operativos es el miedo que siente el emprendedor a que puedan ocurrir fallas y omisiones en los procesos, que conduzcan a errores, pérdidas y fracasos. También incluye miedo a enfrentar problemas y disgustos con empleados, socios o con familia y amigos. En resumen, temor de enfrentar cualquier inconveniente que altere el proceso ideal.

El miedo a los problemas operativos es el séptimo en importancia entre los miedos que reportan los emprendedores. El séptimo más frecuente y también el séptimo más intenso. Representa sólo el 9% de todos los miedos, internos y externos y se presenta con una intensidad promedio de 28%. Eso significa que tiene casi la mitad de intensidad que el primero y más fuerte, que vimos anteriormente, el miedo a las pérdidas económicas.

Este miedo está relacionado con el miedo a fallar o miedo al fracaso. Esto no sólo afecta a emprendedores y emprendimientos, sino a cualquier persona en cualquier entorno profesional y personal. En el caso más extremo, que con frecuencia exige tratamiento con asistencia de un profesional, se conoce como *"Atiquifobia"*, la cual se define como el *"miedo irracional, persistente e injustificado de cometer errores o equivocarse"*. Cuando son casos menos extremos, este miedo al fracaso se conoce como *"Ansiedad anticipatoria"* y se refiere a la *"inquietud o angustia que genera el pensar en la posibilidad de fracaso o falla en una tarea o proyecto que debemos enfrentar en el futuro"*.

En este caso, así como en relación con los otros miedos que estamos analizando, no hacemos referencias a las fobias extremas, ya que éstas requieren de asistencia profesional, sino a situaciones de intranquilidad o angustia de menor intensidad, que pueden ser controladas desarrollando destrezas específicas pero que de todas maneras afecta el desempeño del emprendedor.

Lo primero que debemos hacer para superar este miedo, es dimensionar los problemas y aceptar que los problemas siempre habrán de surgir. Parte del día a día del emprendedor implica resolver problemas. A veces, uno tras otro. Si quieres huir de los problemas posibles, mejor no emprendas, porque es imposible evitarlos totalmente.

Cada negocio cuenta con un conjunto de sistemas y procedimientos. Hay una forma de hacer las cosas, un equipo de trabajo, un proceso que usualmente se sigue. Al menos idealmente debe ser así. Si no contamos con esto, es evidente que las probabilidades de enfrentar problemas se multiplican. Pero aun si asumimos que tenemos sistemas y procedimientos eficientes, que funcionan, y equipos de trabajo que están adecuadamente entrenados, siempre existe la posibilidad de que algo falle.

Este es uno de los miedos sobre los que tenemos mayor posibilidad de alcanzar el control ya que, si tomamos las previsiones adecuadas, hay muchas medidas que podemos tomar para evitar que los posibles problemas operativos ocurran y muchas medidas que podemos tener diseñadas para resolverlos en caso de que surjan.

Por supuesto, siempre existe la posibilidad de imprevistos. Desde cosas a nivel específico de nuestro negocio (como la posibilidad de que los equipos se rompan o fallen, que las personas con las que contamos se enfermen, tengan problemas personales o renuncien) hasta problemas locales de la geografía en la que desarrollamos nuestro negocio (huelgas, problemas políticos o económicos, siniestros naturales) e incluso problemas globales que afecten todos los mercados (verbigracia, la reciente pandemia que nos ha tocado vivir, las guerras, crisis económicas mundiales).

Aunque estos imprevistos siempre pueden existir, no podemos paralizarnos y dejar de actuar por temor a que ocurran y siempre es posible tener previsiones que minimicen el impacto negativo o que nos permitan una pronta recuperación.

Otras situaciones relacionadas con este miedo son los problemas de relaciones y comunicación. Aunque no son problemas operativos per se, igualmente afectan la operación, la eficiencia y la productividad. Cuando tenemos miedo al conflicto o a dañar nuestras relaciones, personales o de negocio, solemos callar y ceder antes que defender nuestras opiniones. Evitamos expresar ideas que pueden contrariar a otra persona. Evitamos imponer puntos de vista, aun cuando internamente estamos convencidos de que nuestra posición es correcta y podría beneficiar a nuestro negocio. Los inconvenientes se inician cuando hay tensión entre lo que ambas partes desean. Entre lo que una parte solicita y lo que la otra está dispuesta a dar. Lo que cada una de las partes considera procedimientos adecuados. Los valores que se asume que deben prevalecer en las decisiones.

Tener que llevar adelante un proyecto puede impedirnos estar de luna de miel con todos. A veces nos toca tomar decisiones que a otros no les gustan, nos toca delegar tareas y aceptar la curva de aprendizaje que eso implica, nos toca ser líderes y manejar personal, exigirles a proveedores, manejar problemas con los clientes. Un sin número de situaciones en las que exponemos la armonía de nuestras relaciones personales y que, mal manejadas, pueden conducir a muchas rupturas.

Los conflictos en sí no son negativos. Dependiendo de cómo los enfrentemos pueden incluso resultar positivos y contribuir al progreso y crecimiento en una organización. Las diferencias de opinión nos permiten contrastar ideas. Eso nos obliga a ponderar los pros y contras de cada opción. Nos conduce a evaluar escenarios que tal vez de otra forma no hubiésemos considerado. Abre el abanico de oportunidades.

Efectos en tu negocio del miedo a los problemas operativos

Seguramente coincides conmigo en que es frustrante dedicar tiempo a un proyecto, cualquier proyecto, y darnos cuenta de que las piezas que hemos trabajado separadamente no encajan bien cuando lo ponemos todo junto. Si te gustan las manualidades o el bricolaje, tal vez has experimentado esto en carne propia al armar o arreglar cosas en tu casa. Cuando los tornillos y tuercas no encajan bien, cuando los hoyos que deben coincidir están desfasados un par de milímetros, cuando las piezas del vestido que coses no cierran a la perfección en la unión de la costura.

Esta misma sensación de frustración se traslada a nuestros emprendimientos cuando lo que ha trabajado un equipo no es totalmente compatible con lo que trabajó otro. Cuando los números no hacen los totales que se supone deben lograr. Cuando los tiempos que esperamos que se cumplan tienen retrasos y se pierde tiempo en el proceso.

Esto conduce a tener que rehacer trabajo, con el consiguiente incremento de costos e incluso a retrasos en los compromisos de entrega. Todo ello se traduce en onerosas pérdidas económicas.

El estar expuestos repetidamente a tales episodios en nuestra vida profesional y cotidiana puede impactar nuestra disposición a emprender, pues puede ocasionar que nos enfrentemos al miedo de que, una vez que estemos en pleno funcionamiento con nuestro proyecto, nos toque carear penosos problemas operativos.

¿Qué ocurre entonces en nuestros emprendimientos cuando tenemos miedo de enfrentar estos problemas? ¿Cómo nos afecta? No estamos analizando cómo nos afecta el problema operativo en sí, sino cuánto miedo sentimos ante la posibilidad de que el mismo ocurra. Y eso abre cinco ventanas, a saber:

1. **Impaciencia e intolerancia:** Cuando tenemos miedo a que ocurran problemas, es posible que estemos sensibles en extremo y que nos cause gran estrés y angustia la más mínima falla. Si nos enfrentamos a los problemas con estrés, en lugar de buscar soluciones buscamos culpables y tendemos a ser impacientes e intolerantes con quienes pueden haber incurrido en errores o quienes consideramos culpables. Eso nos puede llevar a desarrollar una cultura organizacional de "terror", en la cual nuestros colaboradores sentirán miedo también de fallar, porque si fallan se expondrán a nuestra reacción negativa. Esto, puede ser contraproducente, puesto que puede conducir o bien a cometer más errores, a causa de nerviosismo y falta de confianza, o a algo aún peor: ocultar los errores para evitar nuestra reacción negativa.

Esto, nos lleva al segundo efecto negativo que te describo a continuación.

2. **Errores ocultos:** Si tenemos miedo a que ocurran problemas y transmitimos eso a nuestros equipos, es muy probable que traten de ocultar los errores y los inconvenientes o que traten de resolverlos a su manera, que tal vez no es la idónea ni la que conviene a la empresa y/o al cliente. Eso va a conducir a que sin saberlo podamos estar entregando productos y servicios deficientes y en consecuencia el error lo descubre el cliente, en lugar de atajarlo antes de la entrega, con el consecuente impacto negativo en la imagen y confianza frente a nuestros clientes.

3. **Poca resiliencia:** Cuando tenemos miedo de fallar y de tener problemas, es posible que nos sintamos abatidos cada vez que los encaramos ya que los enfrentaremos con muy mala actitud y disposición. Eso ocasionará que con cada pequeño fracaso o inconveniente nos resulte más difícil superarlo, aprender, corregir y seguir adelante.

La resiliencia es la capacidad de hacer frente a los problemas y superar los obstáculos. Pero va más allá de eso, no se trata solamente de superar la situación adversa. Ser resiliente implica que cuando regresamos a la normalidad regresamos fortalecidos, con nuestro potencial más desarrollado, con aprendizaje. En este sentido, la resiliencia es un proceso de crecimiento y aprendizaje, porque nos obliga a desarrollar nuestras capacidades para enfrentar las dificultades y salir adelante con mayores competencias.

Para los emprendedores es especialmente importante ser resilientes, porque nos enfrentamos a muchas presiones, imprevistos, adversidades y muchos emprendimientos fracasan en los primeros años por no haber desarrollado adecuadamente la capacidad de navegar a través de estas aguas turbulentas, corrigiendo rumbo y saliendo adelante.

4. **Baja productividad.** Si tienes miedo de fallar, serás más cauteloso de la cuenta y, en consecuencia, es muy posible que trabajes más lento de lo requerido. Ser cauteloso y cuidadoso no es malo, al contrario. Sin embargo, si lo llevamos al extremo estaremos multiplicando innecesariamente los tiempos que toma realizar un proceso y eso puede afectar negativamente la productividad de nuestro negocio. Producimos menos y en consecuencia los costos se nos incrementan (más lento = más tiempo necesario = más costo del tiempo).

5. **Falta de innovación:** Una vez más, la capacidad de innovación de nuestro emprendimiento se ve afectada negativamente por el miedo (fíjate que varios de los miedos que hemos ya analizado afectan la capacidad de innovación de la empresa, ¿Lo habías notado?). Si tienes miedo a enfrentar problemas, de cualquier tipo, posiblemente te sientas mucho más cómodo moviéndote en aguas conocidas y comprobadas, que nadando en aguas nuevas y descubriendo nuevos caminos. Cada innovación trae bajo el brazo la posibilidad de nuevos problemas que tienes que prever, atajar y superar. A la larga, poco a poco irás desechando las nuevas ideas para evitarlo y tu empresa se quedará rezagada frente a la competencia.

Señales de que tienes miedo a los problemas operativos

¿Cómo puedes darte cuenta de que tienes miedo a enfrentar problemas operativos e inconvenientes de todo tipo en tu emprendimiento? Una vez más, una fina línea separa este miedo de la preocupación real por mantener alta calidad y estándares, evitar el desperdicio y el error.

Nuevamente te sugiero algunos indicadores, en forma de preguntas que puedes hacerte que si respondes con "si" a la mayoría de ellas puede conducirte a concluir que realmente debes tomar medidas para resolver este miedo:

1. **Reacción exagerada ante los errores:** ¿Te exasperas fácilmente ante cualquier inconveniente? ¿Pierdes la paciencia de inmediato cuando alguien comete un error? ¿Te desesperas pensando que las cosas no tienen solución? ¿Tiendes a ver los problemas más grandes de lo que son y tal vez luego te das cuenta de que la solución era más sencilla que lo que pensabas? ¿Cuando enfrentas un problema explotas primero y solucionas después? ¿Tus socios y colaboradores se sienten temerosos de contarte cuando algo sale mal?

2. **Tendencia a culpabilizar:** ¿Buscas siempre encontrar al responsable de cada error o problema y exponerlo? ¿Te cuesta asumir tu propia responsabilidad ante los problemas que enfrentas? ¿Implementas consecuencias negativas ante cada error o inconveniente, por pequeño que sea?

3. **Falta de flexibilidad:** ¿Te cuesta aceptar que hay formas diferentes de hacer las cosas a como tú siempre las haces, aunque otra persona pueda llegar al mismo resultado con otro procedimiento? ¿Te estresas ante los giros imprevistos en el curso de las cosas?

4. **Dificultad para delegar:** ¿Quieres tener siempre el control de todas las cosas para asegurar que se hagan bien? ¿Piensas que si tú no haces personalmente algo es posible que salga mal? ¿Te cuesta permitir que otros asuman responsabilidades?

Vías de acción para enfrentar y superar el miedo a los problemas operativos

Para enfrentar este miedo, debemos desarrollar mecanismos de control que nos permitan:

1. Minimizar la posibilidad de que los problemas aparezcan

2. Maximizar la posibilidad de seguir adelante y superarlos, si no podemos evitarlos

3. Aprender a desarrollar asertividad en la comunicación

La principal estrategia para enfrentar el miedo a los problemas operativos es una planificación detallada. Es aquí en donde nosotros podemos tener mayor control. En la medida en que planifiquemos lo que queremos hacer y, sobre todo, diseñemos los controles de calidad que debemos instrumentar para asegurarnos de que los procesos se cumplan, reducimos las probabilidades de errores. Si tenemos un buen sistema de control de calidad, la probabilidad de que algo salga mal es menor. Y a menor probabilidad de fracaso, menor miedo.

Así, la principal estrategia para enfrentar este miedo es desarrollar sistemas y controles de calidad que aseguren que logramos maximizar el seguimiento para minimizar los errores. ¿Cómo podemos hacerlo? A continuación, algunas estrategias que te pueden ayudar a vencer este miedo:

1. **Contar con listas de chequeo y control de calidad** que especifiquen todos los pasos a seguir y que obliguen a quien los ejecuta a seguirlos en orden y registrar su ejecución y darle seguimiento.

2. **Realizar regularmente reuniones de control de estatus de proyectos**. Si cuentas con un equipo de personas, internas o externas, asegúrate de tener controles semanales, quincenales, interdiarios, lo que amerite el producto o servicio de tu emprendimiento, pero donde logres aterrizar juntas a todas las personas involucradas y asegurar que todos están en el mismo canal.

3. **Preparar minutas de reuniones.** No dejes todo a discreción de la memoria. Asegúrate de registrar -por escrito- los acuerdos y compromisos, incluyendo las fechas de cumplimiento requeridas. No es necesario que te inundes de tareas burocráticas para ello. Un simple email o mensaje puede funcionar. Lo importante es que quede registrado y que no confiemos sólo en nuestra memoria y la de los demás involucrados.

4. **Automatizar procesos.** Si nos da miedo que algo falle en el camino, en la medida en que automaticemos los procesos, podremos reducir la necesidad de intervención del ser humano y por consiguiente la probabilidad de error. Como humanos, todos, todos, fallamos alguna vez. Por más control que hagamos siempre hay una probabilidad de fallar. A mayor automatización, es más probable que las fallas operacionales no ocurran.

5. **Usar agendas y listas de tareas.** Esto, una vez más, limita el rango de acción de nuestra memoria (que tantas malas jugadas nos hace) y nos obliga a tener la disciplina de organizarnos mejor. Yo soy especialmente fanática de las listas de tareas.

6. **Desarrollar comunicación asertiva:** Mediante la asertividad somos capaces de mantener un control emocional en nuestras relaciones y expresarnos de forma de obtener el máximo beneficio para todas las partes involucradas. La asertividad se define como la forma de expresar tus opiniones sin agresividad y sin pasividad.

Respetando a los demás, pero respetando lo que uno mismo piensa. Por ejemplo, esto implica ser amable con los demás al tiempo que sabemos decir no a situaciones o propuestas que no nos resultan satisfactorias, no conducen al logro de nuestros objetivos o no concuerdan con nuestra visión.

Para tener una comunicación asertiva, para ser asertivos, debemos lograr un control emocional, aprender a negociar y entender que no siempre se gana. Implica buscar, activamente, llegar a un acuerdo en el que se trate que ambas partes consigan el logro de la mayor parte de sus objetivos. Por ello, la comunicación asertiva es fundamental para incrementar el éxito. No se trata de ganar, sino de lograr beneficios mutuos.

La actitud asertiva tiene su fundamento en la autoestima, en la confianza en uno mismo. En la medida en que creemos en nosotros mismos, en nuestro proyecto y valoramos nuestras opiniones y nuestras percepciones, estaremos en capacidad de defenderlas y no dejarlas opacar o quedar sometidas. Pero la actitud asertiva también tiene su fundamento en el respeto hacia los demás y la tolerancia a las diferencias. En la medida en que respetemos a los otros y aceptemos que es posible pensar diferente, sentir diferente, tener valores diferentes, estaremos en capacidad de tratar de entender las posiciones de los demás. Esto te ayudará a superar el miedo a dañar tus relaciones personales a causa de tu emprendimiento.

Todas estas son buenas prácticas y hábitos que nos ayudan a blindar la operación de nuestro emprendimiento y hacerla menos vulnerable a cualquier fallo. Tener esto nos dará la confianza necesaria para no temer que las cosas pueden salir mal. ¿Cómo maximizar la posibilidad de seguir adelante y superar los problemas operativos, si no podemos evitarlos? Cuando es una operación pequeña, que depende 100% de nosotros, puede fallar. Cuando la operación crece y debemos delegar en nuestros colaboradores, puede fallar. No hay forma de blindarnos al 100%. La única forma de garantizar que nunca tendremos fallas es no haciendo nada. Eso es lo que quiere nuestro miedo a los problemas operativos, que nos paralicemos. Pero si le hacemos caso, nunca avanzamos. De modo que es indispensable aceptar que la posibilidad de algún fracaso o problema, en algún momento del desarrollo de nuestro emprendimiento, es inevitable.

PARTE III
MIEDO A CAMBIOS INTERNOS

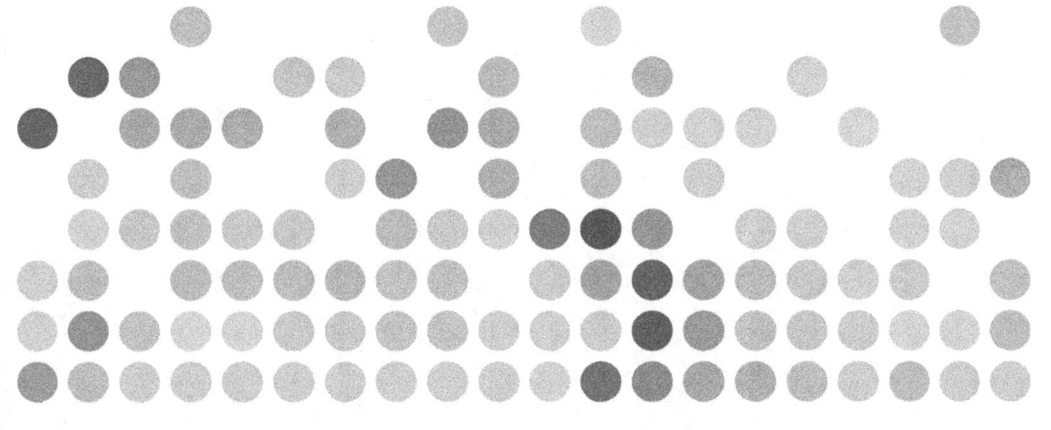

Capítulo 10
Miedo a sentir cosas

"Tu miedo termina cuando tu mente se da cuenta que es ella la que crea ese miedo"

Alejandro Jodorowsky

Ya hemos revisado la primera parte de nuestra rueda de los 8 miedos del emprendedor. Ahora trabajaremos con los miedos que he denominado miedos a eventos internos, o miedos a "sentir". Es decir, miedos causados por cosas que podemos sentir o pensar, nosotros internamente, aun cuando no necesariamente se concreten en eventos reales que llegan a ocurrir. Pensemos en el miedo que sentíamos cuando niños al enfrentarnos a la necesidad de confesar que rompimos algo en casa. El miedo al posible castigo o reprimenda nos dominaba, incluso si llegado el momento de la acción tal castigo a veces nunca llegaba, sino que nuestros padres comprendían que se trataba de un accidente. El miedo al castigo "posible" se originaba en un referente que en, ese momento, sólo existía en nuestra mente.

A diferencia de los primeros cuatro miedos que ya analizamos, estos cuatro que veremos a continuación requieren que para superarlos aceptemos que se refieren a situaciones que cobran vida en nuestro pensamiento y que podemos superar cambiando nuestra percepción.

De acuerdo con el modelo que he desarrollado y te propongo, los miedos a eventos internos son menos relevantes o, al menos, son reportados como tales por más emprendedores, con menor intensidad que los miedos a eventos externos. Los miedos a eventos internos dan cuenta del 43% de todos los miedos reportados por los emprendedores.

Dentro de esta gran dimensión de miedos a eventos internos o miedos a sentir cosas, he incluido cuatro miedos básicos que enfrentamos los emprendedores:

1. **Miedo a sentirse incapaz:** Miedo a no conocer suficientemente de mi sector de negocio, a no tener conocimiento para tomar decisiones adecuadas, a verme obligado a pasar momentos desagradables por mi desconocimiento.

2. **Miedo sentirse fracasado:** Miedo a darme cuenta que no logré mis objetivos, sentirme fracasado, deprimirme y verme emocionalmente afectado. Miedo a no ser capaz de llevar a mi negocio adelante y a no tomar buenas decisiones

3. **Miedo a sentirse incómodo:** Miedo a tener que asumir decisiones incómodas, exponerme a situaciones desagradables, verme obligado a hacer cosas que no me gustan o que no me siento seguro haciendo.

4. **Miedo a ser juzgado:** Miedo a que familiares y amigos piensen que es una mala idea, desaprueben mi negocio, piensen que no tengo la capacidad para llevarlo adelante o se decepcionen de mí.

Miedo a sentirse incapaz

El miedo a sentirse incapaz es, en importancia, el tercer miedo que reportan los emprendedores. El tercero más frecuente y el tercero más intenso. Representa el 13% de todos los miedos, internos y externos y se presenta con una intensidad promedio de 36%. ¿Te recuerdo cómo debes interpretar esta cifra del 36%? Si todos los emprendedores hubiesen dicho que "siempre" sienten todos los miedos incluidos en esta clasificación, la intensidad hubiese sido del 100%. Lo máximo posible: que todos los emprendedores sientan siempre todos los miedos relativos a sentirse incapaz. De ese total posible de miedo absoluto a sentirse incapaz, encontramos reportado un 36%, en promedio.

El miedo a sentirse incapaz incluye principalmente miedo al desconocimiento, al hecho de no contar con los conocimientos o información necesarios y suficientes para poder tomar decisiones acertadas. En segunda instancia, incluye también el miedo a tener que salir de la zona de confort, definida por lo conocido y lo que se domina o sobre lo que se tiene experticia y verse obligado a exponerse a situaciones nuevas, que implican un reto a los conocimientos actuales.

Cuando los emprendedores reportan este miedo, indican que tienen miedo a no conocer suficientemente sobre su sector de negocio, no tener el conocimiento necesario para tomar las decisiones adecuadas, no tener toda la información que requieren para tomar buenas decisiones o no saber todo lo que hace falta para llevar adelante el negocio.

Una recomendación frecuente para el emprendedor que desea iniciar un nuevo negocio, es apalancarse siempre es su base de conocimiento previo, ya que esto incrementa las probabilidades de éxito. Esto significa que nos resulta más conveniente emprender en terreno conocido o más afín a nuestros intereses y nuestra base de conocimiento. Sin embargo, aun si seguimos este consejo, inevitablemente nos veremos expuestos a un sin número de decisiones que debemos tomar y acciones que debemos realizar, que requieren conocimientos fuera de nuestro campo de experticia.

Como propietarios de un negocio, debemos involucrarnos con toda la cadena de elementos dentro del funcionamiento de nuestra empresa. No importa si es una microempresa en la que debemos asumir todas las tareas, o si optamos por buscar ayuda especializada en algunos campos, igualmente requerimos poseer al menos conocimientos básicos de todas las áreas, para estar en capacidad de seleccionar al mejor colaborador o proveedor y saber si las decisiones que nos recomiendan son las que más convienen a nuestro negocio.

El miedo a sentirse incapaz, entonces, tiene que ver con el miedo a que el conocimiento que tenemos en un determinado momento no esté a la altura de las exigencias de las decisiones que nuestro emprendimiento exige tomar.

Miedo a sentirse fracasado

El miedo a sentirse fracasado es el cuarto miedo que reportan los emprendedores. El cuarto más frecuente y se presenta con la misma intensidad del miedo a sentirse incapaz. Representa el 13% de todos los miedos, internos y externos y se presenta con una intensidad promedio de 36%.

El miedo a sentirse fracasado incluye principalmente miedo a verse en el espejo y reconocer a alguien que no logró sus objetivos. No se refiere tanto al temor de que la posibilidad en si de fracasar se haga realidad, como a temer la posibilidad de experimentar el conjunto de emociones negativas vinculadas a dicho fracaso. Digamos que es un miedo a la anticipación de experimentar tristeza o depresión a consecuencia del fracaso.

Cuando los emprendedores reportan este miedo, indican que tienen miedo a pensar que su negocio pueda fracasar, a verse afectados emocionalmente si no les va bien, sentir que no logran alcanzar sus metas o tener que levantarse y empezar de nuevo si les va mal.

Cuando experimentamos miedo de sentirnos fracasados, estamos anticipando el malestar que involucra el no lograr los objetivos que deseamos. Es la anticipación del malestar por el fracaso lo que nos detiene, incluso a veces más que la posibilidad del fracaso en sí mismo. Es decir, no solamente tengo miedo de que las cosas salgan mal, sino que tengo miedo de que me voy a "sentir fracasado" si las cosas salen mal. El sentimiento de fracaso te hunde y te dificulta volver a intentar las cosas.

El miedo a sentirse fracasado, entonces, tiene que ver con el miedo a experimentar sentimientos negativos y derrumbarme emocionalmente si las cosas no salen con el éxito esperado.

Miedo a sentirse incómodo

El miedo a sentirse incómodo es, en importancia, el sexto miedo que reportan los emprendedores. Representa el 11% de todos los miedos, internos y externos y se presenta con una intensidad promedio de 30%.

El miedo a sentirse incómodo incluye principalmente miedo a exponerse a situaciones que resulten desagradables o generen incomodidad. En general, tener que verse obligado a hacer cosas que a uno no le gustan o que uno no se siente seguro haciendo.

Cuando los emprendedores reportan este miedo, indican que tienen miedo a exponerse a situaciones desagradables, enfrentar momentos que les resulten incómodos, asumir decisiones incómodas, hacer cosas que les resultan difíciles o asumir tareas aburridas y tediosas. También se relaciona, de alguna forma, con el miedo a sentirse incapaz, puesto que involucra la sensación de incomodidad asociada a tener que aceptar el propio desconocimiento e incapacidad. En este caso, más que la incapacidad en sí misma, se teme a la posibilidad de que dicha incapacidad sea expuesta a otros. Se expresa en cosas como que sus empleados o clientes les pregunten algo que no saben o verse en situaciones en las que no saben cómo reaccionar.

El miedo a sentirse incómodo, entonces, tiene que ver fundamentalmente con el miedo a tener que salir de la zona de confort.

Miedo a ser juzgado

El miedo a ser juzgado es el miedo que aparece en último lugar entre los emprendedores, el menos relevante y que se presenta con la menor intensidad. Representa el 6% de todos los miedos, internos y externos y se presenta con una intensidad promedio de 18%.

El miedo a ser juzgado incluye el miedo a que familiares y amigos piensen que su emprendimiento es una mala idea, que desaprueben su negocio, piensen que no tiene la capacidad para llevarlo adelante o a causarles decepción.

Cuando los emprendedores reportan este miedo, indican que tienen miedo a que sus amigos piensen que su emprendimiento es descabellado, o que su familia no apruebe su idea de negocio. Que sus amigos o conocidos piensen que esa idea que tienen es mal negocio, que es mala idea emprender. En última instancia, el temor a ser juzgado implica el temor a decepcionar las expectativas que los otros tienen sobre lo que nosotros podemos, o debemos, lograr.

El miedo a ser juzgado se basa en una situación hipotética, algo que no es real aún y no necesariamente ocurrirá. Como no has actuado aún, no hay forma de que efectivamente te juzguen o te critiquen. En consecuencia, estás asustado por algo que potencialmente podrías sentir, pero no tienes certeza de que así será. Y se basa en la expectativa que crees que los otros tienen de ti, más que en la que tú tienes de ti mismo.

A grandes rasgos, estos son los cuatro miedos que obedecen a eventos internos. Son miedos a la posibilidad de sentir cosas a consecuencia de mi actividad emprendedora, exponiéndome a la posibilidad de experimentar emociones negativas de incomodidad, frustración o rechazo.

Al igual que lo hicimos con los miedos a eventos externos, ahora, en los próximos capítulos, nos concentraremos en cada uno de los cuatro miedos a eventos internos en detalle y aprenderemos a identificarlos y, lo que es más importante, a superarlos con éxito.

Capítulo 11
Miedo a sentirse incapaz

*"No es lo que tú eres lo que te frena,
es lo que tú crees que no eres"*

Denis Waitley

¿Qué es y qué involucra el miedo a sentirse incapaz?

El miedo a sentirnos incapaces nos conduce a pensar que no estamos suficientemente preparados, que no contamos con los conocimientos y recursos que hacen falta para que el proyecto en cuestión culmine con éxito. El miedo a sentirse incapaz es, en importancia, el tercer miedo que reportan los emprendedores. El tercero más frecuente y el tercero más intenso. Representa el 13% de todos los miedos, internos y externos y se presenta con una intensidad promedio de 36%.

Cuando los emprendedores reportan este miedo, indican que tienen miedo a no conocer suficientemente sobre su sector de negocio, no tener el conocimiento o información necesarios para tomar las decisiones acertadas, no tener toda la información que requieren para tomar buenas decisiones o no saber todo lo que hace falta para llevar adelante el negocio. En segunda instancia, incluye también el miedo a tener que salir de la zona de confort, definida por lo conocido y lo que se domina, o sobre lo que se tiene experticia y verse obligado a exponerse a situaciones nuevas, que implican un reto a los conocimientos actuales. Este miedo se relaciona con el fenómeno psicológico que se conoce como "Síndrome del Impostor", término sugerido en 1978, por dos psicólogas clínicas: Pauline Clance y Suzanne Imes.

Se define como Síndrome del Impostor la percepción de que no estás a la altura de tus logros, que no eres lo suficientemente bueno, no mereces el éxito que has logrado y que el mismo ha sido obtenido por suerte o por la conveniencia de estar en el sitio y momentos adecuados, y no debido a tus capacidades o tu estudio, trabajo y esfuerzo. En suma, representa el miedo de que en cualquier momento alguien pueda "desenmascarar" tu verdadero yo y demostrar que eres un fraude, un impostor. Las personas que experimentan este síndrome suelen atribuir su éxito a factores externos, como la suerte o el engaño, en lugar de reconocer sus propias habilidades y logros. Sienten un miedo constante a ser descubiertos como "fraudes" o "impostores" y tienen miedo de que los demás descubran que no son tan competentes como aparentan ser.

El Síndrome del Impostor no está oficialmente reconocido como una enfermedad mental, pero afecta a muchísimas personas de forma temporal o permanente a lo largo de su vida profesional. En diversas fuentes que revisé durante el proceso de investigación para este libro, varias veces encontré la cifra que indica que un 70% de los emprendedores y profesionales sufre en algún momento de su vida de este síndrome. Realmente no me gusta comentar estadísticas si desconozco la fuente original, pero fue tan consistente a lo largo de todos los documentos, siempre 70%, que decidí compartirla contigo.

En todo caso, sea 70%, algo más o algo menos, creo que efectivamente es algo que ocurre a muchos emprendedores. Es muy probable que a medida que leas este capítulo te des cuenta de que tú, también, sufres o has sufrido en algún momento de este síndrome.

Una recomendación frecuente para el emprendedor que desea iniciar un nuevo negocio, es apalancarse siempre en su base de conocimiento previo, ya que esto incrementa las probabilidades de éxito. Esto significa que nos resulta más conveniente emprender en terreno conocido o que nos resulta más afín a nuestros intereses y nuestra base de conocimiento. No obstante, esto no es siempre así, puesto que algunas veces las oportunidades se presentan en áreas nuevas para nosotros y nos toca estudiar y prepararnos más. Pero, aun si seguimos el consejo de emprender en terreno conocido, inevitablemente nos veremos expuestos a un sin número de decisiones que debemos tomar y acciones que debemos realizar, que requieren conocimientos fuera de nuestro campo de experticia.

Como propietarios de un negocio, debemos involucrarnos con toda la cadena de elementos dentro del funcionamiento de nuestra empresa. No importa si es una microempresa en la que debemos asumir todas las tareas, o si optamos por buscar ayuda especializada en algunos campos. Y aun si recurrimos a ayuda profesional, igualmente requerimos poseer, al menos, conocimientos básicos de todas las áreas, para estar en capacidad de seleccionar al mejor colaborador o proveedor y saber si las decisiones que nos recomiendan son las que más convienen a nuestro negocio.

El miedo a sentirse incapaz, entonces, tiene que ver con el miedo a que el conocimiento que tenemos en un determinado momento no esté a la altura de las exigencias de las decisiones que nuestro emprendimiento requiere que tomemos. Cuando experimentamos este miedo, podemos sentirnos abrumados por la posibilidad de fallar o de no estar a la altura de las circunstancias, lo que puede llevar a evitar ciertas actividades o a sabotearnos a nosotros mismos.

Efectos en tu negocio del miedo a sentirse incapaz

Para el emprendedor, el miedo a sentirse incapaz, o el Síndrome del Impostor es particularmente problemático, ya que puede conducir al estancamiento o a desarrollar su emprendimiento por debajo de su potencial. A continuación, te listo algunas cosas que pueden ocurrir en tu emprendimiento a consecuencia de este miedo Todas ellas atentan contra la posibilidad de maximizar del potencial de éxito que tiene tu empresa y que podría llegar a alcanzar:

1. **Actitud conservadora y de bajo riesgo:** Asumes menos riesgos y te vuelves menos ambicioso en tus objetivos por temor al fracaso. A fin de no enfrentarte a la posibilidad de fallar, bajas tus expectativas de resultados a un nivel en el que te sientes seguro. De esta forma, colocas una barrera muy bajita de lo que quieres alcanzar. Si tienes miedo de sentirte incapaz, puedes evitar situaciones que impliquen un desafío o que estén fuera de tu zona de confort. Esto puede incluir evitar nuevos trabajos, proyectos o actividades que requieren aprender nuevas habilidades. El miedo a sentirse incapaz puede llevar a evitar tomar riesgos necesarios para el crecimiento y la innovación en el negocio. Puede generar resistencia al cambio y a explorar nuevas oportunidades, lo que limita el potencial de crecimiento y desarrollo.

2. **Desgaste:** Es posible que, si sientes miedo a sentirte incapaz, trabajes mucho más y más duro de lo que haría falta, como forma de contrarrestar la posibilidad de ser expuesto como fraude. Eso conlleva a un desgaste y cansancio extremo que en el largo plazo afectará negativamente tu emprendimiento. Puedes, también, exigir ese mismo nivel de esfuerzo extremo a tus colaboradores, buscando que el resultado de tus operaciones sea lo suficientemente bueno como para que nadie dude de tu habilidad y te convenzas de que estás en capacidad de hacerlo con éxito. Esas exigencias a veces desmedidas pueden dañar la motivación y disposición de tu personal y crear una cultura organizacional negativa.

3. **Búsqueda de perfeccionismo:** Cuando te enfrentas al miedo a sentirte incapaz, eres demasiado crítico contigo mismo y con tu negocio y tiendes a ser perfeccionista, lo cual afecta la posibilidad de completar las metas. El perfeccionismo es definido

por la Real Academia Española como la *"Tendencia a mejorar indefinidamente un trabajo sin decidirse a considerarlo acabado".* Si nunca nos atrevemos a dar por terminado un proyecto porque siempre hay algo que creemos que puede ser mejor, afectamos negativamente la eficiencia y productividad de la empresa y damos respuesta tardía a nuestros clientes.

4. **Capacitación ineficiente:** Inviertes tiempo y recursos excesivos en cursos, entrenamientos y capacitaciones, por temor a no tener el suficiente conocimiento, pero no aplicas estos nuevos conocimientos adquiridos de forma eficiente. El estudio constante y el aprendizaje diario son excelentes para los emprendedores. Sin embargo, debes tener cuidado de no excederte y convertirte en un "estudiante profesional", como quienes constantemente están en cursos y capacitaciones sobre muy diversos temas, sin tomarse luego el tiempo de utilizar esos aprendizajes en beneficio del emprendimiento. La capacitación debería obedecer a objetivos claros y seguir un plan que optimice su aprovechamiento.

5. **Hiper sensibilidad ante las críticas:** Corres el riesgo de volverte muy sensible a las críticas de los demás, incluso las críticas constructivas, por temor a ser visto como un fracasado. Eso puede ocasionarte inconvenientes y desavenencias con colaboradores, socios y clientes y puede conducir a hacerte ver como una persona arrogante, incluso extendiendo ese atributo negativo de imagen a la percepción de tu negocio.

Señales de que estás tienes miedo a sentirse incapaz

¿En qué se evidencian el miedo a sentirse incapaz y el Síndrome del Impostor? Hay diversos comportamientos y reacciones que, tal vez, por sí mismos nos parecen comunes e inofensivos, pero que, bien analizados, y si nos damos cuenta de que varios de ellos se presentan recurrentemente, pueden indicar que sufrimos en alguna medida este miedo a sentirse incapaz que es frecuente en los emprendedores y limita las posibilidades de éxito. Una vez más te sugiero algunos indicadores, en forma de preguntas que puedes hacerte, y si te das cuenta de que respondes con "si" a la mayoría de ellas, deberías concluir que realmente debes tomar medidas para resolver este miedo:

1. **Atribuyes tu éxito a las circunstancias y a la suerte (Locus de control externo).** ¿Cuándo algo te sale bien tiendes a decir que "tuviste buena suerte" o que "la suerte estuvo de tu parte"? ¿Tiendes a pensar que las cosas positivas que has alcanzado con tu negocio son consecuencia de un conjunto de circunstancias favorables y no de tu trabajo y esfuerzo? ¿Piensas que cualquier otra persona, en tus mismas circunstancias, hubiese podido lograr lo que tú has logrado?

2. **Dificultad para tomar decisiones.** ¿Dudas mucho cuando debes tomar decisiones relacionadas con tu empresa porque temes tomar la decisión equivocada? ¿Tratas de conseguir muchas opiniones y esperar que mucha gente esté de acuerdo antes de tomar la decisión final sobre algo? ¿Cambias de decisión con frecuencia?

3. **Te cuesta aceptar cumplidos y reconocimientos.** ¿Sientes que no mereces el éxito que logras? ¿Minimizas o subestimas tus logros, les restas importancia? ¿Te sientes incómodo cuando te entregan un reconocimiento o celebran un logro que tuviste? ¿Tiendes a enfocarte en los aspectos negativos?

4. **Baja autoestima:** ¿Sientes con frecuencia que no eres lo suficientemente bueno o valioso? ¿Te comparas constantemente con los demás y sientes que siempre te quedas corto en comparación? ¿Te sientes inseguro acerca de tus propias

habilidades y te preocupas por no estar a la altura de los demás? ¿Piensas que otros emprendedores logran mejores resultados que tú con su emprendimiento?

5. **Poca confianza en ti mismo.** ¿Sientes temor de que puedas ser expuesto por otro como un fraude? ¿Evitas conversar sobre temas en los que no te sientes experto? ¿Tiendes a cuestionar tus habilidades, decisiones y acciones de manera frecuente? ¿Tienes una percepción negativa de ti mismo y te consideras inferior o menos capaz que los demás? ¿Buscas constantemente la validación de los demás y te afecta profundamente la crítica o el rechazo?

6. **Exceso de autocrítica:** ¿Eres muy crítico contigo mismo? ¿Tiendes a enfocarte en tus fallas y debilidades? ¿Te sientes menos que los demás, atribuyendo a otros más capacidades, aunque logren lo mismo que tú? ¿Te presionas a ti mismo para rendir al máximo en todas las áreas de tu vida? ¿Nunca te sientes satisfecho con tus logros y siempre encuentras defectos o áreas de mejora?

7. **Procrastinación:** ¿Pospones las tareas o proyectos hasta el último momento? ¿Evitas realizar las tareas que piensas que no pueden salirte tan bien? ¿Buscas excusas para no enfrentar las tareas más retadoras? ¿Te encuentras fácilmente distraído por cosas que no están relacionadas con la tarea que deberías estar haciendo?

Como puedes darte cuenta, la mayoría de estos comportamientos y reacciones evidencian una brecha o gap entre las capacidades que efectivamente tienes (que se evidencian en tus logros y que son percibidas por otros) y las capacidades que tú te atribuyes y crees que tienes, siendo siempre estas últimas mucho más pequeñas.

No nos confundamos. Por supuesto, es posible que realmente existan muchas personas y emprendedores más capaces, y también negocios que tengan mejor desarrollo que el tuyo. No nos referimos a estos casos.

Cuando hablamos del Síndrome del Impostor nos referimos al momento en que piensas que eres peor o menos capacitado, cuando la realidad de tus logros te dice lo contrario.

El Síndrome del Impostor tiende a ocurrir con mayor frecuencia en personas de alto rendimiento. Se esfuerzan más y tienen alta capacidad. El problema no es el rendimiento. El problema es la carencia de autopercepción del propio mérito en ese logro. No se trata de casos en los que el logro no se alcanza. Se trata de casos en los que sí se alcanza, pero no se reconoce como producto del propio esfuerzo y capacidad y, sobre todo, tenemos miedo de que la falta de capacidad que nos atribuimos pueda ser desenmascarada.

Cuando te enfrentas al Síndrome del Impostor quieres llegar a ser el mejor y trabajas duramente para ello, pero incluso cuando lo logras eso no altera tu percepción distorsionada de la realidad de tu propia capacidad.

Vías de acción para enfrentar y superar el miedo a sentirse incapaz

Afortunadamente, el Síndrome del Impostor no es un rasgo de personalidad y no necesariamente es algo permanente. Puede ser modificado y superado, lo cual es una excelente noticia, puesto que el miedo a sentirse incapaz limita las posibilidades de éxito del emprendedor.

Superar el miedo a sentirse incapaz puede requerir un trabajo personal de autoexploración y desarrollo de habilidades emocionales. Es importante reconocer y desafiar los pensamientos negativos y autocríticos, establecer metas realistas y alcanzables, buscar apoyo de personas de confianza y practicar la autorreflexión y la autoaceptación.

Siempre habrá áreas de conocimiento y destrezas que hacen falta y no tenemos. La principal estrategia para superar este miedo es analizar con detenimiento las competencias requeridas y determinar si es real o no que no las dominamos.

Si, luego de ese análisis, concluimos que sí las tenemos, lo que corresponde es convencernos de que sí estamos capacitados para hacerlo.

Si, por el contrario, ese análisis nos evidencia que efectivamente carecemos de algunas destrezas que hacen falta, tampoco es el fin del mundo. En ese caso, lo que toca es estudiar y reforzar lo que haga falta, o buscar ayuda en caso de que sean competencias muy especializadas.

A continuación, listo algunas cosas que pueden ayudarte a manejarlo. *Sin embargo, como en otras ocasiones a lo largo de este libro, te pido que tengas en cuenta que, en algunos casos, más graves o permanentes, podrías requerir ayuda profesional mediante algunas sesiones con un psicoterapeuta calificado. Si te das cuenta de que tu miedo a sentirte incapaz o tu Síndrome del Impostor afectan con mucha fuerza tu ejecución como emprendedor. Es importante buscar ayuda si este miedo interfiere en tu capacidad para alcanzar tus metas y disfrutar de tu vida. Un profesional de la salud mental puede ayudarte a trabajar en la construcción de tu autoestima, la superación del perfeccionismo y el desarrollo de habilidades para afrontar los desafíos.*

1. **Analizar con cuidado las destrezas que se requieren para tener éxito y determinar si realmente las dominas.** Si las dominas, trabaja en convencerte que estás capacitado para asumir el reto. Si no las dominas, te corresponde estudiar y reforzar las carencias, o buscar ayuda si se trata de competencias muy especializadas o que te tomará mucho tiempo dominar. Es decir, si sabes algo, reconócelo y siéntete seguro. Si no lo sabes, busca información, estudia y prepárate mejor, o busca ayuda especializada.

2. **Obligarte a aceptar halagos y reconocimientos.** La próxima vez que te den un cumplido por tu buen trabajo, no lo minimices. Tan sólo agradece con humildad y acepta tu logro.

3. **Evitar el perfeccionismo y aceptar que los errores y fracasos son parte de la vida.** No te dejes hundir por los errores. Corrígelos y aprende de ellos para evitar repetirlos, pero no permitas que te frenen y te frustren. Eso implica, también, ser resiliente. La vida en general, y la vida del emprendedor aún con mayor frecuencia, nos presenta retos e imprevistos que alteran nuestro estado natural, alteran nuestros planes, alteran el curso esperado de acontecimientos. Cuando hablamos de resiliencia hablamos de la capacidad de sobreponernos a estos momentos críticos y adaptarnos para regresar nuevamente a nuestro estado normal. Los errores y los fracasos son parte de la vida. En lugar de verlos como señales de incompetencia, apréndelos como oportunidades para crecer y mejorar. Reflexiona sobre lo que puedes aprender de esas experiencias y cómo puedes hacerlo mejor en el futuro.

4. **No compararte con otros.** Cada uno tiene su propio camino. Tus logros son tuyos y particulares y si te acercan a la meta son meritorios. Enfocarte en las comparaciones te aleja de tus propias metas y logros. Te distrae de tu propio crecimiento personal y puede llevarte a descuidar tus propias habilidades y talentos.

5. **Listar y celebrar tus logros.** Acostúmbrate a revisar regularmente los objetivos que has alcanzado, felicítate y celebra cada vez que puedas. Cuando celebramos algo, nos detenemos un momento para reconocer lo que se ha hecho. Nos paramos en el camino y en lugar de mirar hacia adelante, enfocar la meta y calibrar cuánto nos falta para llegar y qué podemos hacer para llegar mejor o más rápido, hacemos exactamente lo contrario: nos paramos y miramos hacia atrás. En ese momento, en vez de ver la meta, nos enfocamos en la línea de partida y reconocemos todo lo que

hemos hecho para estar en el punto del camino en que estamos. No importa cuánto falte para llegar, nos damos cuenta de que hemos avanzado.

6. **Identificar y reconocer el valor que te hace único**, a ti y a tu emprendimiento, y que aporta valor a tus clientes. Siéntete orgulloso por eso. Comunícalo abiertamente.

7. **Asumir más riesgos, controlados.** Sube la barrera de lo que te exiges a ti mismo y a tu emprendimiento, y cada vez que logres la meta, celébrala y aspira entonces un poco más allá. No te desboques a buscar objetivos difíciles como oposición al conformismo. Asume riesgos, pero en un ambiente controlado. Establece metas pequeñas y alcanzables que puedas trabajar para lograr. A medida que alcanzas estas metas, tu confianza en ti mismo se fortalecerá gradualmente.

8. **Desarrollar más confianza en ti mismo.** En última instancia, el miedo a sentirse incapaz y el Síndrome del Impostor son formas de manifestar inseguridad y baja autoconfianza. Tómate el tiempo para comprender tus fortalezas, habilidades y valores. Reconoce tus logros pasados y lo que te hace único. Acepta tus áreas de mejora y trabaja en ellas de manera constructiva. Busca personas que te animen, te apoyen y te inspiren. Rodéate de personas que crean en ti y te brinden comentarios constructivos. El apoyo social puede desempeñar un papel importante en el fortalecimiento de tu autoconfianza.

9. **Desarrollar autocompasión.** Aprende a tratarte a ti mismo con respeto, amabilidad y comprensión en momentos de dificultad. No implica lástima hacia ti mismo ni autoindulgencia, pero sí la aceptación y comprensión de tus limitaciones.

Capítulo 12
Miedo a sentirse fracasado

*"Es difícil fracasar, pero es peor nunca
haber tratado de lograr el éxito"*

Theodore Roosevelt

¿Qué es y qué involucra el miedo a sentirse fracasado?

El miedo a sentirse fracasado tiene que ver con el miedo a experimentar sentimientos negativos y derrumbarse emocionalmente si las cosas no salen con el éxito esperado. El miedo a sentirse fracasado incluye principalmente miedo a verse en el espejo y reconocer a alguien que no logró sus objetivos. No se refiere tanto al temor de que la posibilidad en sí de fracasar se haga realidad, como temer la posibilidad de experimentar el conjunto de emociones negativas vinculadas a tal fracaso. Digamos que es un miedo a la anticipación de experimentar tristeza o depresión a consecuencia del fracaso.

El miedo a sentirse fracasado es el cuarto miedo que reportan los emprendedores. El cuarto más frecuente y se presenta con la misma intensidad del miedo a sentirse incapaz. Representa el 13% de todos los miedos, internos y externos y se presenta con una intensidad promedio de 36%.

Cuando los emprendedores reportan este miedo, indican que tienen miedo a pensar que su negocio pueda fracasar, a verse afectados emocionalmente si no les va bien, sentir que no logran alcanzar sus metas o tener que levantarse y empezar de nuevo si les va mal.

Cuando experimentamos miedo de sentirnos fracasados, estamos anticipando el malestar que involucra el no lograr los objetivos que deseamos. Es la anticipación del malestar por el fracaso lo que nos detiene, incluso a veces más que la posibilidad del fracaso en sí mismo. Es decir, no solamente tengo miedo de que las cosas salgan mal, sino que tengo miedo de que me voy a "sentir fracasado" si las cosas salen mal.

El miedo a sentirse fracasado, más que el miedo al fracaso en sí mismo, se puede describir como un temor profundo y persistente a no alcanzar los objetivos personales, a defraudarse a uno mismo o a los demás, y a experimentar una sensación de incompetencia o inutilidad. Es una preocupación constante por no estar a la altura de las expectativas propias o de los demás, lo que puede generar ansiedad, estrés y autocrítica negativa.

¿Qué es el fracaso?

Comencemos por entender qué significa fracasar. La Real Academia Española define *Fracaso* como: *"Malogro, resultado adverso de una empresa o negocio"* y también como: *"Con resultado adverso, desfavorable, contrario a lo que se esperaba"*. Sin embargo, hoy estamos hablando del miedo a "sentirse fracasado" y no solamente a miedo al "fracaso" en sí. Es decir, no solamente tener miedo de que las cosas salgan mal, sino tener miedo de la posibilidad de "sentirse fracasado".

El sentimiento de fracaso te hunde y te dificulta volver a intentar las cosas. En consecuencia, el sentirse fracasado, implica *"sentirse desacreditado a causa de los fracasos padecidos en sus intentos o aspiraciones"*. Como no queremos sentirnos desacreditados ante otros, desarrollamos un temor irracional y persistente de equivocarnos ante los demás.

El miedo al fracaso tiene varias aristas:

1. **Objetiva**: referida a hechos: El miedo a no alcanzar el objetivo (fracasar).

2. **Subjetiva**: referida a tu mundo interno: El miedo a sentirnos mal por no alcanzar el objetivo (sentirnos fracasados).

3. **Social**: referida a cómo nos ven los demás: El miedo a que otros nos desacrediten por no alcanzar el objetivo (ser vistos como fracasados).

El miedo a sentirse fracasado está asociado con una visión fatalista del fracaso. Cuando como emprendedores sentimos este miedo, con frecuencia ocurre que asociamos el fracaso con una situación vergonzosa, frustrante e inaceptable y tendemos a ver el mundo en extremos, en blanco y negro. No nos damos cuenta de que es posible llegar a ver el fracaso como un aprendizaje. No entendemos que es posible entender el fracaso como algo que, si, es un obstáculo en la consecución de la meta, pero no es insalvable. La visión catastrófica del fracaso puede estar generada por comportamientos culturales, sociales y familiares en los que se valora en exceso el éxito y se castiga fuertemente el fracaso. Aprendemos, así, a magnificar los efectos negativos del fracaso, imaginando que tendrá un efecto devastador en la vida personal, profesional y, en consecuencia, en el emprendimiento.

Efectos en tu negocio del miedo a sentirse fracasado

El miedo a sentirse fracasado a menudo está relacionado con altas expectativas personales o sociales, perfeccionismo y una autoexigencia desmesurada. La persona puede tener una visión distorsionada de lo que significa el éxito y puede temer que cualquier resultado que no cumpla con esas expectativas sea considerado un fracaso. Este miedo puede ser paralizante y limitar la disposición a asumir riesgos, afrontar nuevos desafíos o perseguir metas significativas.

Algunas de las consecuencias negativas que este miedo puede traer a tu negocio son las siguientes:

1. **Autosabotaje**: Una de las principales consecuencias negativas de este miedo es que atenta contra las propias metas del emprendedor y de su negocio. El autosabotaje es una forma de comportamiento autodestructivo en la que una persona sabotea consciente o inconscientemente sus propios esfuerzos y oportunidades debido al miedo al fracaso. Eso implica el abandono de metas que se consideran difíciles o en las cuales se siente que la probabilidad de éxito es baja. Se buscan excusas que justifiquen el abandono de metas con explicaciones racionales, para no sentirse mal por no intentarlo. Como consecuencia de este autosabotaje, se pueden también evitar relaciones o colaboraciones que podrían ser beneficiosas para el negocio. El emprendedor con este miedo puede temer la posibilidad de ser rechazado, juzgado, o de no cumplir con las expectativas de los demás.

2. **Evitar asumir riesgos:** Relacionado con el autosabotaje que acabamos de describir, el miedo a sentirse fracasado puede hacer que los emprendedores eviten tomar algunos riesgos que son necesarios para el éxito empresarial. Pueden optar por mantenerse en su zona de confort y evitar cualquier situación en la que puedan enfrentar la posibilidad de fracaso. Y ocurre que cuando no se asumen riesgos, aunque sean riesgos controlados, es difícil, muy difícil, lograr el crecimiento y la innovación en el negocio.

3. **Estancamiento y falta de crecimiento:** El miedo a sentirse fracasado puede llevar a una mentalidad estática en lugar de una mentalidad de crecimiento. Puedes conformarte con el

estado actual del negocio y evitar tomar medidas para expandir el radio de acción o mejorar. Esto puede limitar el potencial de crecimiento y dejar al negocio rezagado frente a la competencia.

4. **Resistencia al cambio:** El miedo a sentirse fracasado puede hacer que los empresarios sean reacios a realizar cambios que son necesarios en el negocio. Pueden temer que dichos cambios conduzcan al fracaso y, por lo tanto, prefieren mantener las cosas como están, siguiendo el dicho popular de que *"más vale malo conocido que bueno por conocer"*. Sin embargo, la falta de adaptabilidad y flexibilidad puede dificultar la capacidad del negocio para mantenerse relevante y competitivo en un entorno empresarial en constante evolución. La posibilidad de innovación, indispensable para el éxito empresarial, exige tener una mentalidad abierta al cambio. Cuando existe el temor a sentirse fracasado y, en consecuencia, se evitan los cambios, se está apartando cada vez más al emprendimiento de la vía de la modernización y de las posibilidades de destacarse en su sector.

Señales de que tienes miedo a sentirse fracasado

Este miedo puede manifestarse de diferentes maneras, como el miedo a cometer errores, el miedo al rechazo o a la desaprobación, el miedo a no cumplir con las metas establecidas o el miedo a perder el estatus social o la aprobación de los demás. La persona puede sentir una presión interna intensa para lograr el éxito y evitar cualquier situación que pueda conducir a la percepción de fracaso. A continuación, te propongo algunos indicadores, en forma de preguntas que puedes hacerte, y si te das cuenta de que respondes con "sí" a la mayoría de ellas, deberías concluir que realmente debes tomar medidas para resolver este miedo:

1. **Tendencia a evitar desafíos:** ¿Evitas tomar riesgos o enfrentarte a nuevos desafíos debido al temor de no cumplir con las expectativas o de cometer errores? ¿Te encuentras con frecuencia rechazando nuevas ideas, aunque sea con excusas que consideras racionales y lógicas? ¿Te has encontrado desechando objetivos que en un primer momento te resultaron atractivos, pero luego comenzaron a parecerte demasiado difíciles o inalcanzables?

2. **Postergación constante:** ¿Tienes tendencia a posponer tareas importantes por miedo a no alcanzar los resultados deseados o a fracasar? ¿Evitas tener que tomar decisiones sobre las cuales no tienes certeza de lograr el éxito? ¿Tienes pendientes en este momento varias decisiones que has debido tomar hace tiempo, pero les estás dando vueltas porque no quieres equivocarte al tomarlas?

3. **Autocrítica excesiva:** ¿Eres muy duro contigo mismo? ¿Te criticas constantemente y te juzgas negativamente cuando no alcanzas tus metas o expectativas? ¿Te hundes emocionalmente cuando fallas en la consecución de un objetivo? ¿Te sueles decir a ti mismo que eres un fracasado y alguien que no ha logrado nada en la vida? ¿Minimizas tus logros?

4. **Sensación de estancamiento:** ¿Sientes que te has estancado en tu vida o en tu emprendimiento debido al miedo a fracasar y a no lograr tus objetivos? ¿Quisieras alcanzar nuevas metas, pero te encuentras detenido sin saber cómo proponértelas? ¿Te cuesta visualizar el futuro que quieres para tu negocio? ¿Te resulta difícil trazar el camino que quieres recorrer para conducir al éxito de tu negocio? ¿Sientes que estás en una encrucijada y no sabes cómo avanzar?

5. **Sensación de malestar y ansiedad:** ¿Experimentas ansiedad, estrés o malestar emocional significativo cuando te enfrentas a

situaciones en las que hay posibilidad de fracaso? ¿Te preocupa enormemente la posibilidad de que tu negocio fracase? ¿Te da ansiedad la posibilidad de verte al espejo y reconocer a alguien que no logró sus metas? ¿Te entristeces o deprimes fácilmente cuando las cosas no salen como deseas o las has planificado? ¿Te cuesta comenzar de nuevo, luego que algo te ha salido mal?

Vías de acción para enfrentar y vencer el miedo a sentirse fracasado

Reconozco que soy un ser extraño en lo que se refiere a la estadística. Mientras a la mayoría de mis colegas psicólogos, gerentes y emprendedores les desagrada la estadística, a mí siempre me ha gustado y me parece que es un recurso maravilloso para nuestra toma de decisiones. En particular, todo aquello referido a las probabilidades es un tema que dentro de la estadística asusta y causa rechazo. Si alguna vez te tocó estudiar estadística, tal vez te identificas con este sentimiento (o tal vez no). Pero, la teoría de probabilidades tiene conceptos claros, contundentes y sumamente útiles para nuestro día a día. Y es una herramienta excelente para explicarte la lógica clara de la superación del miedo a sentirse fracasado.

Vamos a tratar de simplificarlo para entender mejor cómo un concepto estadístico puede ayudarnos en la reducción de este miedo: El objetivo que estamos tratando de conseguir con la decisión que debemos tomar vamos a considerarlo un "evento".

De acuerdo con la teoría de probabilidades, cada "evento" tiene una probabilidad de éxito y una probabilidad de fracaso. Frente a cualquier decisión para alcanzar nuestro objetivo, siempre nos exponemos a una probabilidad de que el objetivo se alcance (éxito) y otra de que no se alcance (fracaso).

El asustarnos ante la probabilidad de fracasar tiene dos posibles causas:

1. No conocemos las probabilidades de éxito y fracaso.
2. La probabilidad de fracaso es muy alta.

En consecuencia, la mejor forma de reducir el temor a sentirnos fracasados es **reducir la probabilidad de fracasar y aumentar la probabilidad de tener éxito**. Las probabilidades de éxito y fracaso siempre suman 100%. Mientras más aumentamos una, automáticamente más se reduce la otra.

Tan sencillo como eso.

La principal tarea para reducir este miedo es, entonces, hacer todo lo que esté en nuestras manos para aumentar la probabilidad de éxito. Automáticamente, la probabilidad de fracaso va a verse mermada. A mayor probabilidad de éxito, menos riesgo en tomar la decisión. Por ende, menos miedo a equivocarnos.

Estrategia #1 para reducir tu temor a sentirte fracasado: **Incrementar las probabilidades de éxito**, para que el temor al fracaso sea menor.

¿Cómo incrementar la probabilidad de éxito? Básicamente, trabajando en la planificación adecuada y reduciendo los niveles de incertidumbre. Planificación e información son las dos palabras y actividades claves.

1. **Planificar con el rigor adecuado.** Deja lo menos posible en manos del azar y coloca lo más posible bajo tu propio control. Mientras mejor conozcas lo que ocurrirá a consecuencia de tus decisiones y tengas mayor control sobre los resultados, evitas la improvisación, la incertidumbre y los sobresaltos por imprevistos.

2. **Fijar objetivos intermedios que te conduzcan a la meta final y que puedas ir alcanzando progresivamente.** De esta forma puedes ir haciendo ajustes si es necesario e incrementar la probabilidad de alcanzar el objetivo. En lugar de proponerte una meta final muy compleja, trabaja en establecer aproximaciones sucesivas a la meta. Cada avance será un pequeño éxito e irá progresivamente trabajando para acercarte al éxito deseado. Además de reducir la incertidumbre, esto también trabaja para incrementar tu motivación y tu sensación de logro. Ambos elementos contribuyen a reducir tu miedo a sentirte fracasado.

3. **Hacer un análisis de escenarios y un árbol de decisiones.** Analiza todas las posibles cosas que puedan ocurrir y prepara planes para cada escenario. Evalúa cuál es el mejor escenario, el que tiene mejores probabilidades de tener éxito en el logro del objetivo. Vamos a llamar a este escenario el A. Pero, no trabajes sólo en el plan A. Prepara un plan B y, si es necesario un plan C, o todos los que hagan falta.

Mientras mejor planifiques y más información trates de obtener acerca de la situación y analices las opciones, estarás reduciendo los niveles de incertidumbre y, en consecuencia, aumentando la probabilidad de alcanzar el éxito. Y cuando logras aumentar las probabilidades de alcanzar el éxito ¿Qué ocurre?... Efectivamente, la probabilidad de fracaso se reduce automáticamente. Y si la probabilidad de fracasar es menor, tu miedo a fracasar es menor.

Estrategia #2 para reducir tu temor a sentirte fracasado: **Estar preparado para la eventualidad de que el fracaso ocurra**. Si no te agarra desprevenido sentirás menos miedo (Como aquel dicho popular: *"Guerra avisada no mata soldados"*).

En tu análisis de escenarios, no dejes nunca de considerar el peor escenario. ¿Qué es lo peor que podría pasar si fracasas? ¿Cuáles son las posibles consecuencias negativas en tu negocio si no alcanzas el objetivo? Y entonces, trabaja siempre también un plan (C, D, o Z, como quieras llamarlo) para enfrentar este peor escenario.

Trabaja para acertar, pero prepárate para fracasar. De esta forma, además de incrementar las probabilidades de alcanzar tu objetivo (éxito) sabes de antemano cómo actuar en caso de que el evento de fracaso ocurra. Aunque la probabilidad del fracaso sea bajita porque has hecho tu tarea y has preparado un plan excelente y detallado y puedes enfrentar todas las contingencias. Igual, prepárate para fallar. Que esta posibilidad no te agarre desprevenido.

Si sabes cómo actuar en caso de que fracases, tu miedo a fracasar será mucho menor, porque es una posibilidad que has previsto y porque has tenido tiempo de prepararte para ello.

Estrategia #3 para reducir tu temor a sentirte fracasado: **Eliminar el drama y las connotaciones negativas del fracaso**. Acepta que no es el fin del mundo y que a todos nos ocurre algunas veces en la vida.

Cambia las connotaciones negativas del concepto de fracaso. Aunque el fracaso siempre se definirá como el *"resultado adverso, desfavorable o contrario a lo esperado"*, enfócate solamente en que es "contrario" a lo esperado (no logras el éxito) pero elimina de tu mente las connotaciones negativas de ser "adverso" y "desfavorable".

Cambia la connotación negativa de fracaso por una asociación de fracaso con aprendizaje. Así tendrás cada vez menos miedo de fracasar. Debes entender que el fracaso en algunos proyectos es parte de la vida y que a todos nos ocurre en algún u otro momento.

> Nadie ha tenido éxito siempre. Nadie puede decir que no ha fallado nunca.

De modo que, reformula el fracaso. Deja de ver el fracaso como el fin del mundo y comienza a verlo como una experiencia que te permite aprender y crecer. El fracaso es necesario y nos da lecciones. De cada caída aprendemos. El fracaso forma parte de la vida, es inevitable. Alguna vez aparecerá. Sólo puedes trabajar para reducir su probabilidad y evitar que ocurra con frecuencia. Pero nunca podrás llevar la probabilidad de fracaso a 0 en todas tus decisiones.

> No le huyas a la posibilidad de fracaso. Cuando huyes del fracaso, realmente estás dejando de lado la posibilidad de tener éxito.

Cambia tu concepto de sentirte fracasado y **comienza a aceptar que fracasado no es el que falla, sino el que no intenta**, como lo indica la frase de Theodore Roosevelt con que inicio este capítulo. Piensa en que te sentirás mucho peor cuando te arrepientas de nunca haber intentado.

Hay una frase popular (cuyo autor desconozco) que dice: *"El fracaso es un camino equivocado hacia la meta"*. Es una visión muy positiva del fracaso. Visto así, lo que toca es corregir el camino para enrumbarnos de nuevo en la dirección correcta.

Acepta la realidad de que nadie es perfecto. Elimina el drama de la situación de fracaso y no le huyas a la posibilidad de fracaso. Enfréntala con herramientas de planificación y preparación. Con estas estrategias lograrás reducir el temor a sentirte fracasado.

Capítulo 13
Miedo a sentirse incómodo

*"Locura es hacer siempre lo mismo y
esperar resultados diferentes"*

Albert Einstein

¿Qué es y qué involucra el miedo a sentirse incómodo?

El miedo a sentirse incómodo tiene que ver fundamentalmente con el miedo a tener que salir de nuestra zona de confort. Salir de la zona de confort es un concepto que se refiere a la idea de enfrentar y superar situaciones nuevas, desafiantes o desconocidas. Implica abandonar la comodidad y la rutina, y adentrarse en territorios que requieren esfuerzo, crecimiento personal y superación de límites.

El miedo a sentirse incómodo es, en importancia, el sexto miedo que reportan los emprendedores. Representa el 11% de todos los miedos, internos y externos y se presenta con una intensidad promedio de 30%.

El miedo a sentirse incómodo incluye principalmente miedo a exponerse a situaciones que resulten desagradables o generen incomodidad. En general, tener que verse obligado a hacer cosas que a uno no le gustan o que uno no se siente seguro haciendo.

Cuando los emprendedores reportan este miedo, indican que tienen miedo a exponerse a situaciones desagradables, enfrentar momentos que les resulten incómodos, asumir decisiones incómodas, hacer cosas que les resultan difíciles o asumir tareas aburridas y tediosas. También se relaciona, de alguna forma, con el miedo a sentirse incapaz (acerca del que ya conversamos), puesto que involucra la sensación de incomodidad asociada a tener que aceptar el propio desconocimiento e incapacidad. En este caso, más que la incapacidad en sí misma, se teme a la posibilidad de que dicha incapacidad sea expuesta ante otros. Se expresa en cosas como que sus empleados o clientes les pregunten algo que no saben o verse en situaciones en las que no saben cómo reaccionar.

¿Qué es el confort para el emprendedor? Las rutinas, lo que hacemos bien, aquello que conocemos y que manejamos bien, son cosas que nos traen confort. Requieren menos esfuerzo y entendemos las posibles consecuencias, que generalmente son satisfactorias. Nuestro confort o comodidad es todo aquello que nos permite vivir a gusto y con descanso. Generalmente se relaciona con los entornos en los cuales tenemos control porque estamos en terreno conocido. Es un espacio que dominamos, que nos es familiar y no nos sorprende. Nos sentimos tan bien estando en comodidad, que el miedo a la incomodidad nos paraliza y, en consecuencia, paraliza el progreso de nuestro emprendimiento.

Estar en confort es bueno, porque nos brinda sensaciones agradables y mucha seguridad. Sin embargo, si vivimos siempre en esta zona, corremos el riesgo de no cambiar nunca, no crecer, no aprender, no experimentar cosas nuevas. Nos cerramos a nuevas oportunidades.

Si queremos progresar con nuestros emprendimientos, es necesario salir de nuestra zona de confort. Es necesario superar el miedo a la incomodidad. Tenemos que reconocer que, si queremos obtener resultados diferentes, debemos dejar las rutinas y cambiar nuestra forma usual de hacer las cosas, tal como nos sugiere la frase de Albert Einstein al inicio de este capítulo. Salir de nuestra zona de confort implica enfrentarnos a cosas desconocidas, a peligros o consecuencias que prevemos que pueden ser desagradables.

Los humanos estamos cableados para mantenernos en nuestra zona de confort y buscar seguridad, y la posibilidad de falta de control que nos pueda causar malestar nos asusta. Sentimos miedo de perder o arriesgar lo que sabemos que, con seguridad, tenemos.

En este caso, el miedo se produce por la anticipación de un posible malestar, no por el malestar real. Nos lleva a buscar a toda costa evitar la posible incomodidad futura (que aún no ha ocurrido, sino que suponemos que ocurrirá). Fíjate que, una vez más, estamos hablando de los miedos a "sentir" cosas: el miedo se produce por la anticipación de la incomodidad, no por el hecho en sí mismo. Creemos que es posible sentirnos mal por salir de la zona de confort y, en consecuencia, nos acorrala el miedo.

Un modelo propuesto por Matti Hemmi, de Inknowation (2012) sugiere tres zonas concéntricas. Al centro, en el núcleo, está la zona de confort. Resguardada y pequeña. Alrededor de la zona de confort se construyen zonas más interesantes y de mayor crecimiento. Si te aventuras a visitarlas puedes desplegar las alas y crecer, con tu vida y con tu emprendimiento.

La **zona de confort** es la zona donde sientes seguridad. Donde te cobijas en lo conocido. Es el núcleo o centro del modelo. Incluye todo lo que conoces, lo que te gusta, lo que sabes cómo funciona, lo que no te sorprende. En resumen, todo lo que controlas bien.

Alrededor de la zona de confort, está la **zona de aprendizaje**. Piensa en un círculo concéntrico mayor, que rodea al núcleo de la zona de confort. Cuando te aventuras a salir de tu pequeño núcleo de comodidad y buscas explorar nuevos rumbos y nuevas experiencias, estás entrando en esta zona de aprendizaje. Es una zona de incertidumbre y desconocimiento. Esta segunda zona te permite crecer y progresivamente agrandar la zona de confort a nuevos límites, más amplios. Es un terreno en el que nos damos la oportunidad de conocer cosas y experiencias nuevas. No conocemos las consecuencias, pero estamos dispuestos a ceder comodidad para aprender. Sin embargo, es una zona en la que nos sentimos con menor posibilidad de control porque es más incierta y llena de conceptos, conductas e ideas nuevos para nosotros.

Más allá de la zona de aprendizaje está la zona en la que ocurre realmente el miedo a la incomodidad. Imagina un tercer círculo concéntrico alrededor de la zona de aprendizaje. Más grande. Esta zona se conoce como **zona de pánico**. Es un territorio desconocido que nos genera ansiedad, porque tiene el potencial de crear incomodidad. En esta zona es que se tiende a generar parálisis o "no acción". Sin embargo, esta zona tiene todo el potencial de dejar de ser de pánico y convertirse en una **zona mágica**, de crecimiento. Esta es la zona de los grandes retos. Es la zona en la que los emprendedores nos deberíamos sentir con mayor libertad para explorar, desarrollar y crecer.

Cuando superamos el miedo a la incomodidad que genera esa zona de pánico, es posible, entonces, cambiar esa zona de pánico por zona mágica. Cuando logramos cambiar la zona de pánico por la zona mágica, estamos controlando nuestro miedo a la incomodidad y le damos la bienvenida a las nuevas experiencias y los riesgos que ellas conllevan. Eso se logra cuando entendemos que para lograr cosas nuevas y desarrollar nuestra empresa es necesario atrevernos a hacer cosas diferentes y más arriesgadas. Que debemos expandir nuestro horizonte. Que debemos atrevernos a abrir las alas y explorar el mundo más allá de nuestras narices, más allá de lo que conocemos bien y en lo que nos sentimos seguros.

Efectos en tu negocio del miedo a sentirse incómodo

Como emprendedores, vivir siempre en nuestra zona de confort es negativo, porque estanca nuestros proyectos y nuestros negocios. Terminamos convirtiéndonos en emprendedores que realmente no parecemos tales, con estrictas y aburridas rutinas diarias, con niveles de riesgo controlados. Contrario a lo que nos define como emprendedores.

Algunas de las consecuencias negativas que este miedo puede traer a tu negocio son las siguientes:

1. **Estancamiento:** Si un emprendedor, y en consecuencia su empresa, no están dispuestos a salir de su zona de confort, es muy probable que se estanquen. La falta de iniciativa para buscar nuevas oportunidades o para enfrentar desafíos puede resultar en una pérdida de competitividad en el mercado. Como vimos en el modelo que te explico en el punto anterior, si no expandes tu zona de confort desplazándote fuera de ella, quedas encerrado en ese núcleo. No pasas nunca a la zona de aprendizaje. Y sin aprendizaje, no hay progreso ni evolución. Lo primero que ocurre cuando tienes miedo a alejarte de tu zona de confort es que te quedas detenido, sin posibilidades de avanzar.

2. **Falta de innovación:** Cuando no asumimos el riesgo de salir de lo conocido y explorar esa zona de aprendizaje, nos quedamos repitiendo constantemente patrones de comportamiento y de pensamiento que ya hemos tenido anteriormente y que han demostrado funcionar bien y, en consecuencia, no innovamos. Un emprendimiento con apertura a la innovación tiene mayores probabilidades de alcanzar el éxito, diferenciarse y crecer, marcando un impacto entre sus consumidores. Por el contrario, un emprendimiento que no está abierto a la innovación, en lugar de ser el punto de referencia a quien los demás acuden por información, se convierte en un seguidor, que va averiguando qué ha hecho su competencia para replicarlo.

3. **Conformismo:** El miedo a la incomodidad puede fomentar una cultura de conformismo en la empresa. Un emprendedor conformista puede estar satisfecho con el estado actual de su

negocio y no buscar activamente nuevas oportunidades de crecimiento. Puede conformarse con la situación actual y evitar asumir riesgos o explorar nuevas ideas. Y esta actitud permeará a toda la organización. Sus empleados evitarán también desafiar lo establecido, expresar nuevas ideas o cuestionar las prácticas existentes. Esto limita la creatividad y el pensamiento crítico, y puede conducir a una falta de mejora y crecimiento en la organización.

4. **Resistencia al cambio organizacional:** Si los líderes y empleados de una empresa temen la incomodidad, es probable que se resistan a los cambios organizacionales, como reestructuraciones, implementación de nuevas tecnologías o adopción de nuevas estrategias. Esta resistencia puede obstaculizar la capacidad de la empresa para adaptarse y mejorar su eficiencia.

Señales de que tienes miedo a sentirse incómodo

Reconocer que tienes miedo a salir de tu zona de confort es el primer paso para superarlo. A continuación, te comparto algunas señales que podrían indicar que tienes miedo a salir de tu zona de confort. Como en los otros miedos que hemos conversado, te propongo los indicadores, en forma de preguntas que puedes hacerte, y si te das cuenta de que respondes con "si" a la mayoría de ellas, deberías concluir que realmente debes tomar medidas para resolver este miedo:

1. **Comodidad en la rutina:** ¿Te sientes extremadamente cómodo en tu rutina diaria y evitas cualquier situación que la interrumpa? ¿Prefieres mantener la familiaridad y la previsibilidad? ¿Te molestas fácilmente cuando alguien o algo te obliga a salir de tu rutina diaria y hacer algo de forma diferente a como tienes previsto? ¿Tu rutina diaria es flexible?

2. **Evasión regular de situaciones nuevas o desconocidas:** ¿Te cuesta asistir a reuniones de trabajo en la que no conoces a nadie? ¿Evitas probar nuevas actividades? ¿Te molestas cuando las aplicaciones y sistemas que usas hacen actualizaciones que te obligan a cambiar procedimientos a los que estás acostumbrado0? ¿Te resulta difícil aceptar diferencias culturales que observas en otros países o entornos en los que tengas que desarrollar relaciones de negocio? ¿Te molesta tener que cambiar de sistemas de trabajo?

3. **Dificultad para las negociaciones y ventas:** ¿Evitas participar en estas interacciones por temor a enfrentarte a objeciones, rechazos o situaciones incómodas durante el proceso de cierre de acuerdos? ¿Evitas el conflicto, aunque tengas la razón? ¿Estás dispuesto a sacrificar beneficios en una negociación para evitar una conversación incómoda con un cliente?

4. **Ansiedad anticipatoria:** ¿Antes de enfrentar una situación que crees que podría hacerte sentir incómodo tienes síntomas físicos como sudoración excesiva, palpitaciones del corazón, temblores o dolor de estómago? ¿Te quita el sueño saber que debes enfrentar una situación que sabes que te resultará incómoda?

5. **Delegación de actividades no en base a criterio de quién lo hará mejor, sino solamente porque son cosas que no te gusta hacer:** ¿Delegas tareas solamente porque no te gusta hacerlas o te sientes incómodo, aunque la persona a quien las delegas tal vez no las pueda ejecutar tan bien como tú? ¿Te "recuestas" en socios o colaboradores cuando se trata de asumir decisiones difíciles?

Vías de acción para enfrentar y superar el miedo a sentirse incómodo

El paso más difícil es tomar la decisión de hacerlo. Ese miedo a la incomodidad que paraliza el progreso de nuestro emprendimiento es una anticipación a un malestar que realmente no ha ocurrido. Pensamos que hay una posibilidad de sentirnos incómodos, de que nos vaya mal o que sea molesto. Sin embargo, muchas veces, las consecuencias incómodas que anticipamos no son tales, a veces no ocurren y otras veces, aunque ocurran no son tan desagradables como pensábamos en un comienzo.

1. **Tragar grueso y plantarle cara al miedo:** Afróntalo. Traga grueso y enfréntate a esa ansiedad que te causa el cambio. Una vez pases ese primer enfrentamiento, posiblemente todo será más fácil de lo que esperabas. Es la decisión que nos lleva a aceptar que nos pongan inyecciones, aunque nos de miedo el dolor, a lanzarnos al agua, aunque pensemos que estará muy fría, a llamar a esa persona que nos gusta e invitarla a salir, aunque tal vez nos diga que no. En todos esos casos, si reflexionas sobre experiencias pasadas de tu día a día, seguramente encontrarás que la inyección no dolió tanto y si dolió fue por poco tiempo, que una vez que estabas en el agua, y el cuerpo se adaptó a la temperatura, realmente disfrutaste la experiencia y que en muchas ocasiones esa persona que te gustaba si aceptó tu invitación y pudiste desarrollar relaciones enriquecedoras y duraderas.

   Aplicado a tu emprendimiento, esa llamada que te cuesta tanto hacer a un nuevo cliente potencial posiblemente lucía más difícil antes de hacerla que una vez que tomaste el teléfono e intercambiaste las primeras palabras. Esa presentación que tenías que hacer en público fue difícil al pararte frente al grupo, pero una vez comenzaste a hablar del tema que dominas te sentiste como pez en el agua. Esos primeros días aprendiendo a usar un nuevo sistema fueron tediosos y lentos, pero una vez dominaste esos procesos te diste cuenta de que realmente resolviste problemas y trabajas más rápido. Ese primer paso, el más difícil, es al mismo tiempo el que más alivio nos da. Es un momento crucial, pero es solamente eso, un momento, y cuando ya estamos del otro lado de ese miedo la satisfacción por haberlo realizado y el darnos cuenta de que la incomodidad fue más grande en nuestra mente que en la realidad, realmente nos causa placer y nos da seguridad. Allí, entonces, es cuando comenzamos a ver los beneficios de atrevernos al cambio y disfrutamos habernos atrevido a aprender y a pasar a esa zona mágica.

2. **Desarrollar la confianza en ti mismo:** Al igual que hemos comentado en relación con los otros miedos del emprendedor en capítulos anteriores, un elemento fundamental para superar el miedo, cualquier miedo, es incrementar la confianza en ti mismo y tu autoestima. Cree en ti y en lo que eres capaz de hacer. En la medida en que trabajes en tu autoconfianza, te resultará más fácil dar ese primer paso que hace falta para salir de la zona de confort. Por eso, la zona de aprendizaje es tan importante. A medida que aprendes, expandes tu zona de confort y te acercas progresivamente, con mayor seguridad, a los cambios e innovaciones.

3. **Estar preparado para las nuevas experiencias:** Cuando decidas salir de tu zona de confort, es importante que lo hagas adecuadamente preparado, para incrementar las probabilidades de alcanzar esa zona mágica. Busca en tu zona de confort los recursos que tienes. Todo aquello que dominas y que te ha ayudado a lograr lo que tienes. Y apaláncate en ese bagaje de conocimientos y herramientas para enfrentarte a las zonas de aprendizaje y de pánico.

4. **No salir de tu zona de confort a improvisar:** Que no conozcas con certeza lo que hay más allá no significa que no puedes tener

un plan. En la medida en que cuentes con un plan y una estrategia, que cuentes incluso con planes alternativos para enfrentar posibles fallas en el plan original, tendrás muchas más oportunidades de superar ese miedo a la incomodidad que paraliza el progreso de nuestro emprendimiento y comenzar a moverte en la zona mágica en las que el progreso y el éxito tienen posibilidad de desarrollarse.

5. **Probar hacer cosas con miedo:** Comienza con cosas pequeñas, que impliquen incomodidades manejables y con baja posibilidad de tener consecuencias catastróficas, para progresivamente ir incrementando el radio de exploración en las zonas de aprendizaje y de pánico. Oblígate a salir regularmente de tu zona de confort con cosas pequeñas y de poca trascendencia. Cosas tan simples como probar platos nuevos en tu restaurante favorito en lugar de pedir ese plato que siempre te encanta, cambiar de marca de productos, aunque sea para probar cosas nuevas, hacer cosas diferentes los fines de semana, cualquier cosa que a nivel personal implique un pequeño reto a tus rutinas y a tu comodidad. Poco a poco, incrementa los niveles de riesgo y comienza a aplicar la misma técnica a temas que tienen que ver con tu vida profesional y tu emprendimiento. Progresivamente irás abriéndote a la posibilidad de asumir mayores riesgos sin miedo de sentirte incómodo por ello.

Para prosperar en un entorno empresarial cambiante, es esencial que las organizaciones superen este miedo, fomenten una cultura de apertura al cambio y fomenten la búsqueda constante de nuevas oportunidades.

Capítulo 14
Miedo a ser juzgado

"No dejes que el ruido de las opiniones de otros apague tu propia voz interior"

Steve Jobs

¿Qué es y qué involucra el miedo a ser juzgado?

El miedo del emprendedor a ser juzgado por los demás es el último de los miedos que definimos como miedo a cambios internos, es decir miedo a "sentir" cosas. En este caso, se trata del miedo a sentirnos cuestionados, no aprobados o rechazados, a consecuencia de las decisiones que tomamos con nuestro emprendimiento.

El miedo a ser juzgado es el miedo que aparece en último lugar entre los emprendedores, el menos relevante y que se presenta con la menor intensidad. Representa el 6% de todos los miedos, internos y externos y se presenta con una intensidad promedio de 18%.

Este miedo es consecuencia de la necesidad que tenemos los seres humanos de ser aceptados y encajar en nuestros grupos sociales de referencia. El miedo a ser juzgado incluye el miedo a que familiares y amigos piensen que nuestro emprendimiento es una mala idea, que desaprueben nuestro negocio, piensen que no tenemos la capacidad para llevarlo adelante o también incluye el miedo a que podemos causarles decepción.

Cuando los emprendedores reportan este miedo, indican que tienen miedo a que sus amigos piensen que su emprendimiento es descabellado, o que su familia no apruebe su idea de negocio. Que sus amigos o conocidos piensen que esa idea que tiene es mal negocio, que es mala idea emprender. En última instancia, el temor a ser juzgado implica el temor a decepcionar las expectativas que los otros tienen sobre lo que nosotros podemos, o debemos, lograr. Incluso, es el temor a decepcionar las expectativas que "creemos" que los otros tienen de nosotros. Algunas veces, este miedo a ser juzgado es tan infundado, que es muy posible que nuestros amigos o familia ni siquiera piensen de nosotros y de nuestro emprendimiento lo que nosotros imaginamos por ellos.

El miedo a ser juzgado se basa en una situación hipotética, algo que no es real aún y no necesariamente ocurrirá. Como no has actuado aún, no hay forma de que efectivamente te juzguen o te critiquen. En consecuencia, estás asustado por algo que potencialmente podrías sentir, pero no tienes certeza de que así será. Y se basa en la expectativa que crees que los otros tienen de ti, más que en la que tú tienes de ti mismo.

Somos seres sociales por naturaleza. La teoría de las motivaciones aprendidas, propuesta por el psicólogo norteamericano David McClelland, que data de 1961, destaca tres motivaciones básicas en todo ser humano: necesidad de logro, necesidad de afiliación y necesidad de poder. La necesidad de afiliación, de acuerdo con la teoría de McClelland, implica la necesidad de pertenecer al grupo, de sentirse parte de su entorno y ser aceptado. Las personas con una alta necesidad de afiliación buscan la aprobación social, buscan la compañía de otros y buscan la aceptación en grupos sociales. Desean ser aceptados, queridos y valorados por los demás.

El miedo a ser juzgado es la contraparte de esta necesidad básica de afiliación y refleja el miedo a no ser aceptado o a no encajar adecuadamente en tu entorno. Cuando nuestra necesidad de afiliación es muy fuerte, se incrementa el temor a no ser aceptado o no encajar adecuadamente en nuestro entorno. Cuando nos comportamos empujados por esta alta necesidad de afiliación y movidos por un alto temor a ser juzgados, tendemos a buscar ser complacientes y decidir en base a lo que los otros consideran adecuado más que guiados por nuestras propias convicciones.

El miedo a ser juzgado se origina desde la infancia a lo largo de nuestra formación. Cuando somos niños, tendemos a actuar buscando la aprobación de nuestros padres y maestros. A medida que vamos creciendo, actuamos buscando aprobación de nuestros grupos de pares, nuestros amigos. Al entrar a enfrentar la vida profesional buscamos la aprobación de colegas, jefes, clientes y colaboradores. Si durante ese proceso de formación aprendimos que siendo nosotros mismos podemos generar rechazo, es más probable que tendamos a ocultar nuestra propia forma de ser y disfrazarla para que luzca mejor ante los otros. Este miedo al juicio puede, entonces, provenir de experiencias previas de críticas negativas o rechazo social. Las personas que han experimentado rechazo en el pasado pueden ser más sensibles a la posibilidad de ser juzgadas y, por lo tanto, pueden evitar situaciones sociales o reprimir sus opiniones y comportamientos auténticos para evitar el rechazo.

El miedo a ser juzgado, cuando se desarrolla desde la infancia, nos hace evitar mostrarnos como somos y preferir adoptar conductas, creencias y valores que pensamos que a los demás agradan más y los motivarán a aceptarnos mejor.

Como concepto psicológico, el miedo a ser juzgado se conceptualiza como Miedo a una Evaluación Negativa (FNE por sus siglas en inglés: Fear of Negative Evaluation). Existen estudios que han desarrollado escalas para medir este miedo. Estos instrumentos evalúan la intensidad y las características del miedo que una persona experimenta ante la posibilidad de ser juzgada o evaluada de manera negativa por otros. Entre ellos podemos mencionar la Escala de Miedo a la Evaluación Negativa (FNE, por sus siglas en inglés): Desarrollada por Watson y Friend en 1969 y la Escala de Miedo a la Evaluación Negativa-Breve (BFNE, por sus siglas en inglés) que es una versión abreviada de la escala FNE y fue desarrollada por Leary en 1983.

En su forma más extrema e irracional, el miedo a ser juzgado se convierte en lo que se conoce como "Ansiedad Social" o "Fobia Social". Por supuesto, esto es un caso que ya requeriría asesoría de un profesional especializado. No queremos centrarnos hoy en los extremos, sino en el miedo, normal y frecuente, de que alguien opine que lo que hacemos y las decisiones que tomamos no son correctas y, por ende, nos desacrediten. Una vez más, te recuerdo que si entiendes que tu miedo a ser juzgado y la ansiedad social que experimentas es extrema o no es posible de ser controlada con las recomendaciones de este libro, debes acudir a un profesional especializado, un terapeuta que pueda recomendarte los tratamientos más adecuados.

Efectos en tu negocio del miedo a ser juzgado

El miedo a ser juzgado nos detiene y nos retrasa en el camino para lograr nuestros sueños y nuestros objetivos. El miedo a ser juzgado se manifiesta de diversas formas. Es el miedo al famoso "qué dirán", miedo a hacer el ridículo, miedo a decepcionar a los demás. En todos estos casos es el miedo a exponernos a la opinión del otro.

1. **Ejecución deficiente:** el círculo vicioso del miedo a ser juzgado. Cuando sentimos miedo a que los demás puedan criticar lo que hacemos, se genera un círculo vicioso muy negativo. Como tenemos miedo a exponernos a la crítica, este miedo afecta nuestra ejecución y lo que en condiciones normales podría salir bien, incrementa sus probabilidades de salir mal, porque estamos nerviosos y ansiosos. Como las cosas salen mal (o "menos bien" que lo esperado), no recibimos aprobación y se refuerza nuestro miedo inicial a la crítica. Imagina por ejemplo una situación en la que tienes que hacer una presentación importante a un cliente sobre tu proyecto. Aunque te has preparado muy bien y dominas el tema a la perfección, tienes miedo de que tu idea

no sea aceptada. Ese miedo te genera ansiedad y en el momento de enfrentar a tu cliente, la ansiedad te impide dar lo mejor de ti. En consecuencia, tu presentación no es todo lo buena que podría haber sido y no generas la impresión adecuada en tu cliente, causando que rechace tu idea o haga juicios y críticas a tu proyecto. Como ves, el miedo al rechazo afecta tu conducta, tu conducta que no es óptima afecta el resultado y el resultado de baja calidad genera crítica y rechazo, reforzando tu miedo inicial. Como todo círculo vicioso, la forma de terminarlo es cortarlo por algún punto para que no se continúe retroalimentando. Y debes romper el círculo por aquel punto sobre el cual tú tienes el control. Y este punto es tu miedo a ser juzgado. Si controlas tu miedo a ser juzgado, rompes el círculo vicioso.

2. **Sacrificio de la visión y objetivos propios:** Cuando sentimos miedo a ser juzgados por los demás o a decepcionarlos, es posible que sacrifiquemos nuestro sueño. Trataremos de ajustar nuestros objetivos y la visión que buscamos para nuestro negocio a lo que los demás nos dan como referencia de lo que es aceptable, o lo que socialmente se espera que tenga éxito. De esta forma, guardamos nuestros sueños, nuestras pasiones reales y nos amoldamos a las expectativas de otros. No me malinterpretes, no es malo escuchar consejos, pero no es conveniente ceñirte a las opiniones de los demás sacrificando las cosas en las que crees o que deseas lograr.

3. **Inconsistencia en la visión:** Si tienes miedo a ser juzgado por los demás, y tratas de ajustar tus objetivos de negocio para complacer a la mayor cantidad de referentes posibles, es probable que termines con una visión de tu negocio poco clara, cambiante e inconsistente. Cuando tienes una visión clara, es TU visión. Puedes (y debes) compartirla con los diversos grupos relacionados a tu negocio (socios, colaboradores, clientes, proveedores) y a tu vida personal (familiares y amigos). También puedes ajustarla y enriquecerla en base a mentorías y conversaciones valiosas

con cualquiera de esas personas. Lo que nunca debes hacer es cambiarla constantemente, cada vez que alguien cuestiona alguna decisión o cada vez que alguien considera que dicha visión es inadecuada. Debes creer suficientemente en tu proyecto como para desarrollar, y mantener, una visión clara. Y debes ser tú quien la transmita a tus relacionados (no al revés).

4. **Decisiones cambiantes:** Cuando tratas de complacer a todos y quedar bien con todos, tu negocio se afecta porque terminas tomando decisiones que pueden ser contradictorias y cambiantes, que se toman o se ajustan sobre la marcha, en lugar de obedecer a un plan y una visión claros.

Señales de que tienes miedo a ser juzgado

El miedo a ser juzgado por otras personas puede manifestarse de diversas formas, tanto a nivel físico como emocional. Una vez más, y al igual que en los capítulos anteriores, te comparto algunas señales que podrían indicar que tienes miedo a ser juzgado y te propongo algunos indicadores, en forma de preguntas que puedes hacerte, y si te das cuenta de que respondes con "si" a la mayoría de ellas, deberías concluir que realmente debes tomar medidas para resolver este miedo:

1. **Preocupación excesiva por la apariencia:** ¿Te preocupas excesivamente por tu apariencia física? ¿Gastas mucho tiempo y dinero en maquillaje, ropa y accesorios para parecer más atractivo o aceptables a los ojos de los demás? ¿Te mortifica que tu apariencia física no sea adecuada para representar a tu negocio o pueda causar rechazo entre tus clientes? ¿Te vistes para tus clientes más que para ti mismo?

2. **Indecisión:** ¿Retrasas decisiones importantes hasta poder conversar con todas las personas que piensas pueden tener una opinión relevante? ¿Cambias con frecuencia decisiones que has tomado luego de haber recibido comentarios opuestos de alguien o sugerencias de cambiarlas? ¿Te cuesta decidir cuando no estás seguro si esa decisión será bien aceptada por otros? ¿Decides en contra de tu propia creencia solamente porque alguien a quien consideras experto te indicó que decidieras de otra forma?

3. **Autocensura y falta de autenticidad:** ¿Te encuentras reprimiendo tus opiniones, emociones o comportamientos auténticos por temor a ser juzgado? ¿Te preocupas más por encajar en las expectativas de los demás en lugar de ser fiel a ti mismo? ¿Prefieres adaptarte a estilos y necesidades de tu grupo de referencia antes que actuar de acuerdo a lo que realmente deseas hacer? ¿Te sientes incómodo al expresar tus opiniones o ideas?

4. **Necesidad constante de aprobación:** ¿Dependes en gran medida de la aprobación de los demás para sentirte valioso? ¿Buscas constantemente validación externa y evitas tomar decisiones basadas en tus propios valores y deseos? ¿Te descubres con frecuencia esperando que algunas personas específicas hagan comentarios positivos sobre ti, tu emprendimiento o tu trabajo? ¿Dependes de la opinión y aprobación externa para sentirte bien contigo mismo?

5. **Sensibilidad excesiva a las críticas:** ¿Te afecta profundamente cualquier crítica o comentario negativo, incluso si es constructivo? ¿Cuando critican alguna decisión que has tomado, te sientes personalmente atacado? ¿Temes que los demás te vean como inadecuado o insuficiente? ¿Evitas a toda costa decisiones que puedan exponerte a una crítica pública?

6. **Ansiedad social:** ¿Te sueles sentir nervioso o ansioso en situaciones sociales y te preocupas constantemente por cómo eres percibido por los demás? ¿Evitas situaciones sociales o eventos en los que te sientes vulnerable o expuesto?

7. **Baja autoestima:** ¿Sientes a veces que no eres lo suficientemente bueno o que no estás a la altura de las expectativas de los demás? ¿Tiendes a compararte constantemente con los demás y a sentirte inferior? ¿Te cuesta aceptar cumplidos?

Vías de acción para enfrentar y superar el miedo a ser juzgado

El miedo a ser juzgado se basa, generalmente, en una situación hipotética, algo que no es real aún y no necesariamente ocurrirá. Como no has actuado no hay forma de que efectivamente te juzguen o te critiquen. En consecuencia, estás asustado por algo que potencialmente podrías sentir, pero no tienes certeza de que así será.

Y eso es una excelente noticia, porque como se basa en algo que no ha ocurrido, es posible controlarlo y cambiarlo.

A continuación, te comparto algunas estrategias que puedes utilizar para controlar tu miedo a ser juzgado, cuando te des cuenta de que ese es el motivo de tus indecisiones a actuar:

1. **Conocerte a ti mismo:** Conoce tus fortalezas y debilidades. Cuando sabes de lo que eres o no capaz, es más difícil que otro te convenza con facilidad de que eres incapaz o de que tu probabilidad de fracasar es alta. No temas aceptar tus fortalezas ni pensar que puedes ser percibido como arrogante. Si eres bueno en algo, acéptalo con orgullo y defiende tu experiencia y capacidad. Tampoco temas descubrir y aceptar tus debilidades o áreas de

oportunidad. Conocerlas es la base que te permitirá tomar las decisiones adecuadas para corregirlas y mejorar.

2. **Trabajar fuerte en tu autoestima y en tu confianza en ti mismo:** Valórate por lo que eres. Sé tú mismo. Ser auténtico es más valioso que complacer a otros, de modo que es importante que te sientas a gusto contigo mismo y sepas lo que vales. Sobre todo, que entiendas que lo que tú vales no depende de lo que otro piense de ti. *Si te das cuenta de que superar un problema de autoestima te resulta difícil, debes recurrir a un terapeuta especializado, quien podrá ayudarte con estrategias adecuadas para superarlo.*

3. **Confiar en tu intuición y en tus pasiones:** Atrévete a decir "sí" a tu intuición y a lo que tu fuero interno, tu corazón y tu raciocinio te dicen que es el camino correcto. No sacrifiques tus creencias, tus valores y lo que crees que es correcto por complacer a otros. El camino de los demás es exactamente eso, el camino de otro. Atrévete a recorrer el tuyo propio, que es único e irrepetible,

4. **Invertir en ti mismo:** Estudia y busca siempre mejorar. Con esto, sentirás cada vez mayor seguridad acerca de tus capacidades y destrezas y te será más fácil aceptar tu autoridad para defender tus puntos de vista y tus decisiones. Los emprendedores debemos estudiar a diario y buscar perfeccionarnos en muy diversas áreas. Lee constantemente, inscríbete en capacitaciones y entrenamientos. Asiste a conferencias y eventos de actualización profesional en tu sector de negocio.

5. **Apagar tu voz de crítica interna:** Muchas veces eres tú mismo quien sabotea tu propio esfuerzo. Antes de que otro te critique, se burle o te desanime, ya tú te has ocupado de hacerlo contigo mismo. Cuando esa voz de crítica interna cuestiona tus planes y lo que sabes que puedes lograr, aprende a callarla. No te autodestruyas.

6. **Aceptar que siempre habrá alguien que te criticará, no importa lo que hagas:** Déjalos que hablen. Por más esfuerzo que hagamos, ninguno logrará agradar y satisfacer a todos los demás siempre. No hay forma de agradar a todos. Es una realidad y hay que aceptarlo.

7. **Evitar que lo que los demás piensan de ti te afecte emocionalmente:** Acepta las críticas y aprende a darles su tratamiento adecuado. A veces los juicios de los otros te abren los ojos y te ayudan a ser mejor. Otras veces, sólo te dañan. Mientras mejor te conozcas, te será más fácil aprender a diferenciar entre ambos.

8. **Tratar de que lo que los demás piensan de ti no se convierta en la guía de tus decisiones:** Aprende a tomar decisiones en base a tu criterio. Si pides consejo o estás expuesto a otros, toma en cuenta todos los comentarios y sugerencias que te parezcan adecuadas, pero nunca decidas en base al criterio de otro si no se corresponde con tu propio criterio o si no estás convencido de que es un criterio mejor o más válido que el tuyo.

9. **Dejar de juzgar a otros:** Aunque pensemos que no, nosotros mismos juzgamos constantemente a los que nos rodean. Desde criticar su forma de expresarse hasta su estilo personal y sus decisiones de negocio, estoy segura de que si prestas atención detallada a tu propia conducta puedes identificar a diario momentos en los que, aun sin mala intención, tiendes a emitir juicios sobre otros sin que te lo hayan solicitado. Cada vez que te descubras emitiendo juicios sobre otro, para en seco y suspende esa actividad. Con el tiempo, a medida que tú mismo emitas menos juicios sobre los demás, poco a poco irás sintiendo menos aprehensión respecto a la posibilidad de que otro pueda hacer lo mismo hacia ti.

PARTE IV
A TRABAJAR NUESTROS MIEDOS:
LA CAJA DE HERRAMIENTAS

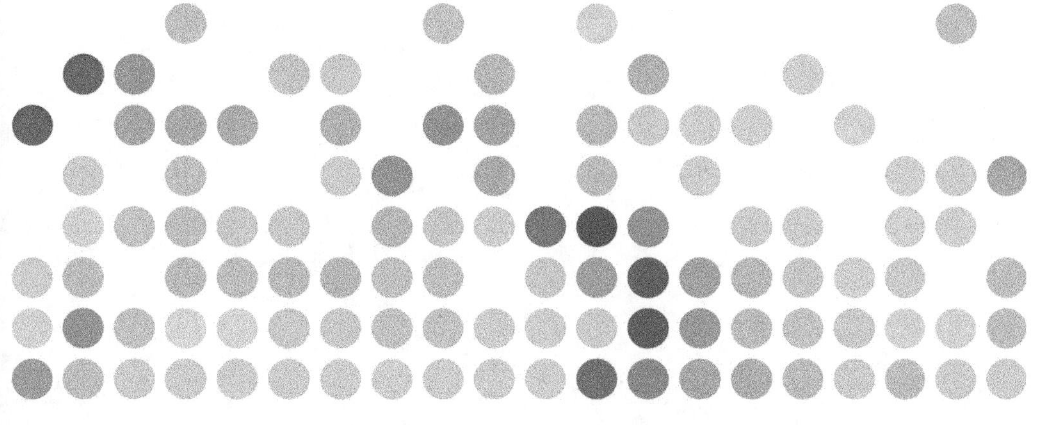

Capítulo 15
Identificando nuestros miedos

*"Valor es hacer las cosas a las que usted le tiene miedo.
No puede haber valor a no ser que usted esté asustado"*

Eddie Rickenbacher

Te prometí que este libro buscaría ser una herramienta útil. Que no sólo te permitiría aprender acerca de los miedos, sino que también te ayudaría con dos cosas:

1. Poder identificar cuáles de todos los miedos de los que hemos conversado te afectan más en este momento de tu emprendimiento.

2. Poder preparar un plan de acción para superarlos.

Así que, cumpliendo esa promesa, estos dos últimos capítulos están dedicados a eso. Estos dos últimos capítulos son tu caja de herramientas para poder trabajar adecuadamente tus miedos. Y, como toda caja de herramientas, puedes usarla hoy para los miedos que te ocupan en este momento, pero puedes guardarla y utilizarla más adelante, en cualquier otro momento, para trabajar con nuevos miedos que confrontes en otras fases y etapas de tu camino como emprendedor. Recuerda que los miedos son un ente dinámico. Vienen y van, cambian, crecen y se reducen. En cada momento de este proceso de emprendimiento tus miedos serán diferentes, en tipo y en intensidad. De modo que espero que estos dos últimos capítulos te ayuden a ponerte manos a la obra.

Comencemos, en este capítulo, por ayudarte a identificar cuáles son los miedos que enfrentas en un momento determinado. Te acompaño a descubrir y revelar tus miedos.

El miedo se disfraza

Al miedo no siempre lo reconocemos como miedo. Se disfraza de excusas, buscando defectos que no existen para justificar el rechazo de una oportunidad. Busca explicaciones inútiles que no tienen que ver con la decisión en cuestión.

Y el miedo se disfraza porque no nos gusta aceptarlo en nuestras vidas. Como nos han enseñado que tener miedo es malo y que es una evidencia de cuán cobardes somos, lo vemos como algo negativo, algo con lo que no queremos estar asociados de ninguna manera. Entonces, le cambiamos el nombre, lo llamamos razones o excusas para no hacer algo. Racionalizamos las cosas para justificar nuestras reacciones y nuestro comportamiento sin tener que aceptar que tenemos miedo. No es real decir que nunca sentimos miedo a nada. Todos hemos sentido, continuamos sintiendo y sentiremos en el futuro, algún tipo de miedo. Si no nos damos cuenta de ello no es porque esos miedos no existan o no afecten nuestras decisiones.

Como el miedo se disfraza de otras cosas y se esconde, a veces es difícil encontrarlo e identificarlo claramente. Y si no lo encontramos, no lo podemos vencer.

Vamos a entender primero qué disfraces adopta el miedo. Te listo algunos de los más frecuentes:

1. **Negación**: Negar o minimizar la existencia de nuestros miedos es una forma común de disfrazarlos. Podemos convencernos a nosotros mismos de que no estamos realmente asustados o que no hay nada que temer. La negación del miedo se refiere a la actitud de rechazar o evitar reconocer la presencia o la existencia de miedo en uno mismo. Es una forma de blindarnos psicológicamente, evitando enfrentar o lidiar con situaciones o emociones temerosas. La negación del miedo puede ser una

respuesta natural en algunas circunstancias. Sin embargo, negar el miedo de manera constante o crónica puede ser perjudicial para el bienestar emocional y psicológico. En algún momento, debemos aceptar que sentimos algunos miedos. De lo contrario, nunca podremos superarlos.

2. **Evitación**: Evitar situaciones o circunstancias que nos generan miedo es otra forma de disfrazarlos. Al evitar enfrentar directamente nuestros miedos, podemos convencernos temporalmente de que no existen o de que no son tan importantes ya que no nos encontramos de frente con ellos. Si bien esta estrategia de disfraz de la evitación puede brindar un alivio inmediato, a largo plazo puede ser contraproducente. Evitar constantemente las situaciones que nos producen miedo puede limitar nuestra capacidad de crecimiento. Puede llevarnos a un ciclo negativo en el que el miedo se refuerza y aumenta con el tiempo. Al evitar situaciones temerosas, perdemos la oportunidad de aprender que podemos manejarlas de manera adecuada y segura. Esto puede llevar a un aumento en la ansiedad y una disminución en nuestra confianza para enfrentar los miedos en el futuro.

3. **Racionalización**: Justificar o explicar nuestros miedos de manera lógica y racional puede ser una forma de disfrazarlos. Podemos encontrar explicaciones o excusas racionales para nuestras preocupaciones, en lugar de reconocer el miedo subyacente. Cuando nuestros miedos se esconden en razones lógicas, realmente no estamos superándolos. Estamos aceptando que está bien sentir miedo y que hay razones para ello. Esa parte está bien, ya que implica el reconocimiento. Sin embargo, cuando los explicamos tanto como para aceptarlos como parte integral de nuestro ser, que no puede cambiar, estamos realmente resignados a vivir siempre con ese miedo a cuestas. Lo estamos invitando a compartir nuestra vida. Y eso realmente no nos conviene. Algunos

miedos son irracionales por naturaleza y no se pueden abordar únicamente a través de la lógica. Además, tratar de racionalizar en exceso un miedo puede llevarnos a negar o minimizar las emociones legítimas asociadas con él. A través de este disfraz, el miedo se esconde detrás de las excusas. Es el famoso "No puedo porque...". Tratamos de racionalizar las decisiones que tomamos guiados por el miedo para justificarlas sin sentirnos culpables y sin reconocer que tenemos miedo.

4. **Humor o sarcasmo:** Utilizar el humor o el sarcasmo como una forma de encubrir los miedos es común. Hacemos bromas o comentarios sarcásticos para distraernos o evitar profundizar en nuestros verdaderos temores. El humor y el sarcasmo pueden actuar como una especie de escudo protector para disfrazar el miedo y evitar mostrar vulnerabilidad. Cuando recurrimos al humor o al sarcasmo, intentamos desviar la atención de nuestros miedos internos y distraernos a nosotros mismos y a los demás. Cuando alguien utiliza este recurso, puede usar el humor autocrítico, hacer chistes o comentarios sarcásticos sobre la situación temerosa o incluso sobre sí mismos para aliviar la tensión emocional. Esta estrategia de disfraz del miedo nos hace reconocerlo y es efectiva en reducir los niveles de estrés y ansiedad, sin embargo, tampoco lo resuelve porque no lo estamos abordando de frente.

5. **Osadía:** A veces, el miedo se disfraza o se oculta detrás de una actitud de valentía exagerada. Actuamos como si no tuviéramos miedo para evitar mostrar vulnerabilidad frente a los demás o para mantener una imagen de fortaleza. Esto puede tener consecuencias negativas. Por una parte, estamos realmente negándolo (como en el punto 1) y eso no nos permite lidiar adecuadamente con él. Esto, sin embargo, no significa que desaparece. Además, pretender ser valiente en exceso puede dificultar el acceso al apoyo emocional. Si alguien se muestra

constantemente fuerte y valiente, es posible que los demás no reconozcan su necesidad de ayuda y apoyo. Esto puede llevar a un aislamiento emocional y dificultar la búsqueda de apoyo cuando realmente se necesita.

Estos disfraces del miedo lo contienen por cierto tiempo. Sin embargo, al no ser estrategias reales de enfrentamiento y superación efectivos, en realidad solamente lo contienen, permitiendo que crezca, se acumule y pueda surgir luego de forma más problemática, porque el disfraz que eligió le va a quedar chico y no podrá ya esconderse detrás de él.

Identificar y entender nuestros miedos

Para poder identificar adecuadamente los miedos que afectan nuestra posibilidad de emprender con éxito, debemos seguir tres pasos:

1. Reconocer que tenemos algún miedo.

2. Identificar las causas de nuestros miedos.

3. Clasificar los miedos que sentimos para poder abordarlos adecuadamente.

Una vez que hemos completado estos tres pasos, podemos pasar, entonces, a buscarles solución y trazar un plan para vencerlos. Ese será el tema del próximo capítulo.

El primer paso, de reconocimiento, es tal vez el más difícil. Voy a suponer que si tienes este libro en tus manos y si has llegado hasta este punto en su lectura, es porque ya has aceptado que tienes miedos, y te has propuesto trabajar en ello. Si eso no se cumple, cualquier cosa que te cuente a continuación será totalmente irrelevante e inútil.

Comienza por reconocer tus miedos. Acepta que los tienes. Que no hay vergüenza en ello y que son buenos, porque te ponen en alerta y previenen decisiones precipitadas (que nada buenas son). Una vez los aceptes y los veas a la cara, agradece sus advertencias, tómalos en cuenta si es necesario, pero no te quedes aferrado. Déjalos ir. Deshazte de ellos. Mándalos a paseo. Pasa la página.

A continuación, te propongo un conjunto de ejercicios y dinámicas que puedes realizar en privado, en la seguridad de tu propia intimidad. No reportes a nadie lo que hagas o encuentres, salvo que sientas que es algo que deseas hacer y compartir con alguna persona que estimas puede ayudarte en este complejo proceso. En conjunto es un ejercicio de autorreflexión guiada, que te ayudará a ir identificando tus principales miedos. A medida que lo repitas, cada vez te resultará más fácil delimitarlos con claridad.

No hay presión. No hay respuestas buenas ni malas. No es una carrera. No hay prisa. Es un ejercicio para ti. Disfrútalo y aprovéchalo relajadamente y a tu propio tiempo, ritmo y velocidad. Al fin y al cabo, no le rindes cuentas a nadie. Nadie te estará juzgando. No hay una calificación ni una competencia. De modo que debes ser lo más honesto contigo mismo. No se trata de buscar lo que idealmente quisieras sentir. Si haces el ejercicio esperando sentirte bien contigo mismo con el resultado, o para pavonearte y mostrarlo con orgullo a alguien, pierde toda su razón de ser. Sé honesto y transparente contigo mismo.

Si deseas, puedes descargar en el siguiente enlace, formatos y materiales de apoyo para realizar estos ejercicios, tanto si quieres realizarlo imprimiendo los formatos y trabajando a mano, como si deseas realizarlo con registros digitales.

celiasoonets.com/los8miedosdelemprendedor

Algunos consejos antes de comenzar:

Busca un lugar tranquilo, sin interrupciones, en el que te sientas cómodo y a gusto. En tu casa. En tu lugar de trabajo. En un parque, en un café, en la casa de un familiar, en un jardín. Cualquier lugar plácido y sin interrupciones vale.

Destina un par de horas sin pausas para trabajar en el ejercicio. Puedes hacerlo en etapas, a lo largo de varias sesiones, pero trata de que para cada sesión dispongas de al menos 2 horas.

Toma notas, escribe, en papel, cuadernos, o en formato digital, computadora o tableta. Utiliza el recurso que te resulte más cómodo, pero escribe. El sólo pensar en los temas que te propone el ejercicio no es suficiente. Hasta tanto no lo escribas, no estarás realmente inmerso en el ejercicio con total compromiso.

Si no tienes previsto utilizar los formatos descargables y vas a trabajar en papel y lápiz, ten a mano 20 tarjetas individuales en blanco para utilizar en los ejercicios.

El objetivo es que elimines cualquier motivo de presión y angustia. Debes estar cómodo y tranquilo para que el proceso pueda fluir. La dinámica completa consta de 6 ejercicios:

1. Tormenta de miedos
2. La historia de tus miedos
3. Descubriendo los miedos disfrazados
4. Los enemigos de tus sueños
5. Encuentra la causa de tus miedos
6. La escalera del miedo

Cada ejercicio te tomará de una a dos horas. Te sugiero que te propongas un plan y que los completes de forma consecutiva. Si te es posible, dedica un día o un par de días a esta actividad y haz los 6 ejercicios, en orden, de una vez.

Si no cuentas con el tiempo para hacerlo de esa forma, te sugiero hacerlos en días consecutivos. Dedica al menos una o dos horas diarias durante 6 días, para realizar uno diario.

Ejercicio 1: Tormenta de miedos

Este ejercicio es el equivalente a una tormenta de ideas, pero esta vez será una tormenta de miedos. A diferencia del ejercicio de tormenta de ideas, que se recomienda hacer grupalmente, este es un ejercicio contigo mismo, de autoreflexión. Sin embargo, vamos a conservar las reglas generales de la tormenta de ideas.

Fase de producción:

En una hoja de papel, un archivo en blanco en tu computadora, una pizarra, un rotafolio, donde prefieras, comienza a anotar, sin evaluar ni pensarlo mucho, todos los miedos que sientes en este momento en relación con tu emprendimiento.

Es muy importante que no hagas juicios de lo que escribas. De hecho, toma nota de todo lo que se te cruce por la mente. Luego tendrás oportunidad de revisarlo, descartar lo superfluo, organizarlo y conservar lo que encuentres útil.

Cuatro reglas:

1. No pienses mucho en cada idea. Si te llega a la cabeza, anótala tal como viene. No busques perfección en la redacción y no le des muchas vueltas.

2. Opta por la cantidad. Tu objetivo es producir una lista que contenga la mayor suma de miedos que sientes te amenazan. Anota los que te parecen grandes y también los que te lucen insignificantes.

3. Evita las críticas o prejuicios durante la fase de producción de ideas.

4. Acepta las ideas descabelladas que se te ocurran.

Fase de organización y selección:

Organiza los miedos que listaste. Para ello, anótalos en otro papel, archivo u hoja (dependiendo el medio que seleccionaste para trabajar), pero anótalos con base en algún criterio de primacía. Por ejemplo, puedes colocar juntos los que tienen que ver con razones económicas, o los que tienen que ver con miedo a no estar preparado. Agrúpalos según algún criterio que presumas adecuado. Puedes hacer tantos grupos como consideres convenientes.

A seguir, si fuera posible, transforma los miedos de cada grupo en un miedo que los englobe. La idea es simplificar la lista, limpiarla de repeticiones y quedarte con un listado más corto, pero que involucre todo lo que produjiste en la primera etapa.

A continuación, selecciona los 5 miedos que más te afectan en este momento, los que tienen un mayor impacto negativo sobre tu negocio. Anota esos 5 miedos en 5 tarjetas individuales, separadamente, cada uno en una tarjeta, y guárdalos para más adelante.

Ejercicio 2: La historia de tus miedos

Este ejercicio busca encontrar en tu historia personal los miedos persistentes. Aquellos miedos que no solamente tienes en este momento en relación con tu emprendimiento, sino aquellos que te han acompañado soterrada o abiertamente a lo largo de tu vida personal y profesional en el pasado.

Prepara un formato con dos columnas. En la primera columna, lista todos los miedos que has tenido en el pasado de forma recurrente en relación con tu emprendimiento, superados o no. Continúa en esa misma columna y agrega los miedos que has sufrido recurrentemente en tu vida profesional, con trabajos que previamente hayas tenido, con jefes, compañeros de trabajo, clientes.

Continúa en esa misma columna y agrega los miedos que has tenido de forma recurrente en tu vida personal, con tu familia, tus amigos, en situaciones sociales.

Una vez que tengas tu lista completa, para cada uno, anota en la segunda columna, al lado, si crees que lo superaste o si los sientes que aún lo tienes de vez en cuando.

Selecciona los 5 miedos recurrentes que piensas que más consistentemente te han afectado de alguna manera a lo largo de tu historia y que aún no has superado. Verifica si algunos de esos miedos están en la lista anterior. Si no los seleccionaste entre los 5 principales en tu tormenta de miedos, anótalos en nuevas tarjetas y colócalos con los anteriores. Puedes tener un total de 5 nuevas tarjetas, si todos los miedos que encontraste en este ejercicio son diferentes a los que encontraste en la tormenta de miedos o puedes no tener ninguna tarjeta adicional, si los 5 que encontraste son los mismos 5 que seleccionaste en el ejercicio anterior. Guarda las tarjetas para usarlas más adelante.

Ejercicio 3: Descubriendo los miedos disfrazados

Este ejercicio busca descubrir si te identificas con miedos que tal vez nunca se te han cruzado por el pensamiento pero que, al conocerlos, entiendes que efectivamente los tienes. Tal vez algunos de ellos están agazapados o disfrazados y por eso nunca los has visto, pero al considerarlos quizás te des cuenta de que te están afectando.

Cuando realicé el estudio de los miedos del emprendedor, un comentario que recibí con frecuencia de quienes lo llenaron es que leer cada uno de los ítems del cuestionario les abrió los ojos a darse cuenta de que sentían más miedos de los que creían o habían imaginado. El cuestionario constaba de 80 ítems, cada uno con un posible miedo que podría enfrentar un emprendedor. En este ejercicio, te invito a revisar ese listado para darte cuenta si alguno de ellos está disfrazado y, tal vez exista en tu fuero interno sin haberte percatado.

Lee cada ítem en la siguiente lista y coloca una marca al lado de aquellos que sientes actualmente.

Revisa la lista de todos los que tienen una marca y selecciona los 5 que mayor impacto negativo tienen en tu emprendimiento en este momento.

Una vez más, verifica si algunos de tales miedos están en las listas de los ejercicios anteriores. Si no los seleccionaste entre los 5 principales en tu tormenta de miedos o la historia de tus miedos, anótalos en nuevas tarjetas y colócalos con los anteriores. Puedes tener un total de 5 nuevas tarjetas, si todos los miedos que encontraste en este ejercicio son diferentes a los que encontraste en los ejercicios anteriores o puedes no tener ninguna tarjeta adicional, si los 5 que encontraste ahora están entre los mismos que habías seleccionado anteriormente. Guarda las tarjetas para usarlas más adelante.

- Miedo a asumir decisiones incómodas
- Miedo a perder relaciones familiares o sociales que aprecio a causa de mi negocio
- Miedo a que el negocio fracase y tenga que cerrarlo
- Miedo a que surja una nueva competencia y me saque del mercado
- Miedo a que mi familia no apruebe mi idea de negocio
- Miedo a que los productos o servicios no se entreguen con la calidad adecuada
- Miedo a enfrentar momentos que me resulten incómodos
- Miedo a tener muchos errores en los productos o servicios que entrego
- Miedo a que las políticas del gobierno desfavorezcan mi emprendimiento
- Miedo a que la imagen de mi negocio se pueda afectar negativamente
- Miedo a que se dañen los equipos o maquinarias
- Miedo a tener que asumir tareas aburridas y tediosas
- Miedo a tener problemas que afecten mi operación
- Miedo a que mi familia dude de mi capacidad para llevar adelante mi emprendimiento
- Miedo a decepcionar a mis amigos / conocidos
- Miedo a enfrentar retrasos e inconvenientes imprevistos
- Miedo a no generar ingreso estable para mis gastos y los de mi familia
- Miedo a tener que hacer cosas que me resultan difíciles
- Miedo a no saber todo lo que hace falta para llevar adelante mi negocio
- Miedo a no generar beneficios suficientes
- Miedo a sentir que no logro alcanzar mis metas
- Miedo a no tener el criterio correcto para tomar buenas decisiones para mi emprendimiento
- Miedo a aparición de nuevas regulaciones o leyes que afecten mi negocio
- Miedo a no saber resolver los problemas que se me presentan
- Miedo a mirarme en el espejo y ver a alguien que no logró sus objetivos
- Miedo a que mis amigos / conocidos piensen que es una mala idea emprender
- Miedo a pelearme con colaboradores o empleados

- Miedo a que la economía del país esté mal y afecte mi negocio
- Miedo a tener que levantarme y empezar de nuevo si me va mal
- Miedo a no lograr la holgura económica a la que aspiro con mi empresa
- Miedo a que mis clientes me pregunten algo que yo no se
- Miedo a que mis amigos / conocidos crean que yo no soy capaz de lograrlo
- Miedo a que mis amigos / conocidos piensen que esa idea que tengo es mal negocio
- Miedo a que no me funcionen los sistemas
- Miedo a que pueda estar expuesto a demandas o problemas legales
- Miedo a llegar a sentirme mal si tengo que admitir que mi idea no fue exitosa
- Miedo a exponerme a situaciones desagradables
- Miedo a perder clientes porque no les gusten las decisiones que tomo
- Miedo a que mis empleados / colaboradores me pregunten algo que yo no se
- Miedo a que la economía mundial esté mal y afecte mi negocio
- Miedo a que se pueda afectar negativamente mi imagen profesional
- Miedo a no tener toda la información que requiero para tomar buenas decisiones
- Miedo a verme afectado/a emocionalmente si no me va bien
- Miedo a la posibilidad de que aparezcan nuevos productos o servicios que compitan con el mío
- Miedo a pelearme con clientes
- Miedo a perder amigos a causa de las decisiones de negocio que debo tomar
- Miedo a que surjan cambios en el sector de mi negocio y me afecten negativamente
- Miedo a no poder cumplir con los compromisos a tiempo
- Miedo a tener que exigir a mis empleados / colaboradores cosas que no les vayan a gustar
- Miedo a decepcionar a mi familia
- Miedo a no ser capaz de llevar mi negocio adelante
- Miedo a que el negocio fracase y quede con deudas

- Miedo a que mi competencia tenga mejores productos o servicios
- Miedo a que mi imagen como persona se vea afectada negativamente
- Miedo a que mi competencia sea más fuerte que yo
- Miedo a verme obligado a hacer cosas que no me gusta hacer
- Miedo a la posibilidad de sentirme fracasado
- Miedo a no generar ingresos suficientes para cubrir los gastos del negocio
- Miedo a que mis empleados se vayan de la empresa porque no les gusta trabajar para mi
- Miedo a pelearme con mis socios
- Miedo a gastar mis ahorros en mi negocio y no ver resultados
- Miedo a no poder pagar a mis empleados
- Miedo a verme en situaciones en las que no sé cómo reaccionar
- Miedo a perder el dinero que invierto en mi negocio
- Miedo a hacer cosas que me molesta hacer
- Miedo a la posibilidad de quebrar
- Miedo a que las exigencias del negocio sobrepasen mis capacidades
- Miedo a hacer el ridículo
- Miedo a que impongan nuevos impuestos en mi sector
- Miedo a que a mis colaboradores / empleados no les gusten las decisiones que tomo
- Miedo a cometer fallas o errores en los procesos
- Miedo a vivir momentos desagradables
- Miedo a deprimirme si fracaso
- Miedo a no conocer suficientemente mi sector de negocio
- Miedo a no poder cumplir con los compromisos económicos con proveedores
- Miedo a que pase el tiempo y me dé cuenta de que no alcancé mis objetivos
- Miedo a pensar que mi negocio pueda fracasar
- Miedo a no tener el conocimiento necesario para tomar las decisiones adecuadas
- Miedo a que mis amigos piensen que mi emprendimiento es descabellado
- Miedo a tener que salir de mi zona de confort

Ejercicio 4: Los enemigos de tus sueños

Este ejercicio pretende encontrar los miedos que podrían afectar el éxito futuro de tu emprendimiento. Los miedos que tal vez no te das cuenta de que los tienes ahora pero que podrían frenarte en tu camino como emprendedor. Esta vez, en lugar de partir de pensar en tus miedos, vamos a partir de pensar en tus metas y objetivos, los sueños de lo que deseas lograr con tu negocio.

Prepara nuevamente un formato con dos columnas. A la primera colócale el título "Sueño" y a la otra el título "Miedo que lo frena".

En la primera columna, haz una lista de cosas que deseas lograr con tu emprendimiento. Cosas que están en planes. Pueden ser planes inmediatos o planes a largo plazo. Es una lista de tus sueños en relación con tu negocio.

Piensa en qué te impide en este momento alcanzar esos sueños. En la segunda columna, al lado de cada uno de esos objetivos, coloca el miedo que crees que podría limitarte la posibilidad de lograrlo. Allí tendrás una nueva lista de posibles miedos que te agobian.

Revisa la lista y selecciona los 5 que mayor impacto negativo tienen en tu emprendimiento en este momento.

Una vez más, verifica si algunos esos miedos están en las listas de los ejercicios anteriores. Si no los seleccionaste entre los 5 principales en algún ejercicio, anótalos igual en nuevas tarjetas y colócalos con los anteriores. Puedes tener un total de 5 nuevas tarjetas, si todos los miedos que encontraste en este ejercicio son diferentes a los que encontraste antes o puedes no tener ninguna tarjeta adicional, si los 5 que encontraste ahora son los mismos que habías seleccionado anteriormente. Guarda las tarjetas para usarlas más adelante.

Ejercicio 5: Encuentra la causa de tus miedos

El objetivo específico de este ejercicio es que logres una autoreflexión que te ayude a entender las razones que subyacen a cada uno de los miedos que has identificado y que listaste. Recuerda, que para poder superarlos necesitas entenderlos. No solamente saber cuáles son sino los motivos por los cuales han decidido aparecer en tu vida y en tu emprendimiento.

En este momento debes tener entre 5 y 20 tarjetas con miedos. Tendrás solamente 5 si en todos los ejercicios obtuviste consistentemente los mismos 5 miedos, 20 si en cada ejercicio obtuviste miedos diferentes. Puedes tener cualquier número intermedio, si repetiste algunos y otros no en cada ejercicio.

Trabaja con cada tarjeta de forma individual. Para cada tarjeta que contiene un miedo que hayas elaborado, trata de reflexionar sobre el origen de ese miedo. ¿Qué hay en esa situación o evento particular que anotaste en esa tarjeta que te atemoriza? Anótalo en la tarjeta, junto con el miedo.

Ejercicio 6: La escalera del miedo

Este es el último ejercicio de esta sección de identificación y reconocimiento. El objetivo de esta última parte es lograr priorizar esos miedos ya descubiertos, y asociarlos con los 8 miedos del modelo conceptual.

Comparto como referencia breves descripciones de cada uno de los 8 miedos que conforman el modelo conceptual, para refrescar tu memoria y para que lo uses como ayuda en este ejercicio.

1. **Miedo a las pérdidas económicas:** Miedo a no generar ingreso suficiente para cubrir los gastos del negocio, para generar ingresos para mi familia y perder los recursos que se invirtieron.

2. **Miedo a cambios en las reglas del juego:** Miedo a la aparición de impuestos, leyes o regulaciones que afecten negativamente el negocio. Miedo a problemas globales de la economía nacional y mundial.

3. **Miedo a la competencia:** Miedo a que mi competencia sea más fuerte, tenga mejores productos y servicios y me saque del mercado o dañe mi imagen.

4. **Miedo a problemas operativos:** Miedo a problemas y disgustos con empleados, socios o con mi familia y amigos. Miedo a que ocurran inconvenientes que me impidan entregar productos y servicios de calidad o a tiempo.

5. **Miedo a sentirse incapaz:** Miedo a no conocer suficientemente de mi sector de negocio, a no tener conocimiento para tomar decisiones adecuadas, a verme obligado a pasar momentos desagradables por mi desconocimiento.

6. **Miedo a sentirse fracasado:** Miedo a darme cuenta de que no logré mis objetivos, sentirme fracasado, deprimirme y verme emocionalmente afectado. Miedo a no ser capaz de llevar a mi negocio adelante y a no tomar buenas decisiones.

7. **Miedo a sentirse incómodo:** Miedo a tener que asumir decisiones incómodas, exponerme a situaciones desagradables, verme obligado a hacer cosas que no me gustan o que no me siento seguro haciendo.

8. Miedo a ser juzgado: Miedo a que familiares y amigos piensen que es una mala idea, desaprueben mi negocio, piensen que no tengo la capacidad para llevarlo adelante o se decepcionen de mí.

Toma todas las tarjetas individuales que preparaste con todos los miedos, y agrúpalas de acuerdo a cada uno de los 8 miedos. Piensa y analiza a qué miedo fundamental corresponde cada uno y coloca juntas las que se relacionen con el mismo miedo fundamental.

Puedes tener muchos miedos en algunos de ellos y otros con muy pocos, o ninguno. Anota la cantidad de miedos específicos que has asociado a cada miedo fundamental.

Anota los 8 miedos fundamentales en orden, en función de la cantidad de miedos específicos que les has asignado. Coloca al tope de la lista el que tiene más miedos específicos asociados y luego el segundo y así sucesivamente. El que quede al final de la lista será el que tiene menos miedos específicos asociados.

> ¿Cuál de los 8 miedos está en la cima? Ese es el que deberías atacar primero.

Si la has realizado concienzudamente, esta dinámica te debe haber permitido identificar los miedos que enfrentas con tu emprendimiento y priorizar su importancia y prevalencia en este momento.

Capítulo 16
Superando el miedo de hoy

*"Con los años he aprendido que cuando una toma
una decisión, el miedo disminuye; saber lo que
hay que hacer hace que el miedo desaparezca"*

Rosa Parks

El miedo no desaparece. Ni debe desaparecer, porque es positivo. Sin embargo, es necesario modularlo y controlarlo.

Ya hemos mencionado muchas veces a lo largo de este libro que el miedo se produce ante la incertidumbre. Cuando nos enfrentamos a algo que se siente amenazante, no lo conocemos bien, y no estamos seguros de poder controlar. Si, por el contrario, se presenta una amenaza que conocemos y sabemos cómo actuar ante ella, sentimos menos miedo porque sabemos que tenemos control.

De modo que el principal recurso para controlar nuestros miedos es incrementar la conciencia de que tenemos posibilidad de controlarlo. Cuando reducimos la incertidumbre y aumentamos el control, tenemos menos miedo.

El saber que tenemos posibilidad de hacer algo nos conduce efectivamente a hacerlo. Dando ese paso, al mismo tiempo aumentamos nuestra confianza en nuestra propia capacidad de tener control sobre lo que nos causa el miedo. Como hemos actuado, obtenemos resultados favorables y estos resultados nos ratifican nuestra confianza en la posibilidad de control. En consecuencia, aprendemos a no sentir miedo ante esa situación, o situaciones similares. Mediante la acción que nos conduce a tomar el control, hemos reducido el miedo.

Digamos que el proceso se produce como sigue (Figura 5):

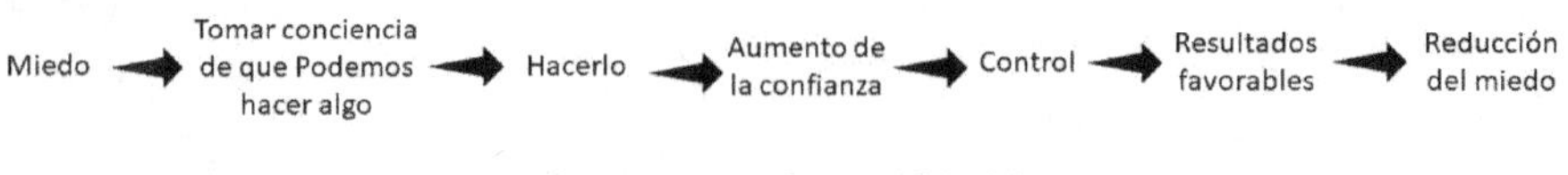

Figura 5 – Proceso de control del miedo

Esto es una forma bien simplificada, por supuesto, pero realmente el proceso funciona así en cada caso.

Convertir el miedo en impulso

Actuando de forma planificada y consciente ante tus miedos, logras convertir tus miedos en motivación para actuar. El objetivo, entonces, es convertir tus miedos en motivaciones.

Los miedos son normales e inevitables. Incluso son bienvenidos porque nos enseñan a ser precavidos, pero no debemos dejar que nos paralicen. Desde que permitimos que cualquiera de esos miedos que hemos visto a lo largo del libro evite que tomemos decisiones relevantes, ya comenzamos a perder la batalla. Si queremos cambiar el miedo, debemos entenderlo en su justa medida de ser un signo de cautela y prevención y utilizarlo como plataforma para seguir adelante.

No alimentes el miedo. ¿Recuerdas en tu infancia cuando cualquier sombra en la pared lucía como el más horrible monstruo? ¿Cuándo el más mínimo ruido nos hacía estar convencidos de que el bicho más feo había entrado a nuestra habitación? Esto ocurría porque percibíamos las señales de cosas desconocidas (ruidos, sombras) y nuestra mente se encargaba de darles forma y hacerlas crecer. Sin querer, estábamos nosotros mismos alimentando nuestros temores.

Lo mismo ocurre con los temores que enfrentamos en nuestro emprendimiento. Si los alimentamos, los convertimos en monstruos invencibles que nos paralizan. Pero muchas veces, la magnitud enorme de dichos miedos está solamente en nuestra mente y, mirándolos racionalmente podemos controlarlos y superarlos.

Desarrollar la tolerancia a la ambigüedad

Hemos visto que una de las principales causas de nuestros miedos es la incertidumbre. El desconocimiento respecto a los resultados que podemos esperar a consecuencia de nuestras decisiones. Por supuesto, la mejor forma de solucionarlo es reduciendo la incertidumbre. Sin embargo, no es posible eliminarla completamente. Por eso, para poder superar nuestros miedos, es importante aprender a convivir con cierto nivel de incertidumbre y ambigüedad. ¿Cómo lo logramos?

1. **Actitud de escucha:** La mejor herramienta para lograr apertura a nuevas experiencias y capacidad de entender lo que no conocemos es salir de nuestro caparazón de experto y colocarnos humildemente en intención de escuchar y aprender de los demás y de las experiencias nuevas que enfrentamos. La curiosidad en este caso es una gran virtud.

2. **Autocrítica:** En la medida en que reconocemos nuestros errores y debilidades, nos colocamos en mejor capacidad de enfrentarnos a nuevos retos. Cuando nos empeñamos en insistir en que nuestra solución es la única o la correcta, o en hacer lo que hicimos en el pasado porque "antes funcionó", cerramos las posibilidades a descubrir nuevos cursos de acción que podrían ser más eficientes.

3. **Neutralidad:** Evita emitir juicios. La mejor forma de aprender y estar abierto a nuevas experiencias es no juzgar las opciones antes

de evaluarlas. Los juicios generalmente se apalancan en nuestras experiencias y percepciones pasadas. Y recuerda que en este caso estamos tratando de abrirnos al futuro que no conocemos ni vemos claramente. Elimina los prejuicios.

4. **Flexibilidad**: Ábrete a la posibilidad de cambios. Mantente siempre dispuesto a ajustar curso y probar cosas nuevas. Mientras más flexible seas personalmente en tu pensamiento y tus acciones y más flexible sea tu emprendimiento en sus procesos, te resultará más sencillo actuar con la agilidad requerida para superar la ambigüedad.

5. **Proactividad**: Actúa hacia el futuro y no en el pasado. Anticípate a tu competencia y a las tendencias del mercado. Trata de estar siempre un paso adelante que los demás.

¿Las mejores estrategias para superar los miedos del emprendedor?

En cada capítulo hemos ido viendo estrategias específicas para superar cada uno. Acá te las resumo, en conjunto. Podrás ver que algunas son consistentes para muchos de los miedos, otras estrategias son más específicas:

Miedo a las pérdidas económicas:
- Reducir los niveles de incertidumbre
- Contar con un plan financiero muy bien elaborado y detallado
- Asegurar un cálculo de precios que incluya todos los costos
- Conocer tu mercado
- Buscar apoyo de profesionales especializados en el área
- Siempre considerar un colchón para amortiguar las caídas
- Dar seguimiento continuo
- Aceptar que es inevitable tener algunas pérdidas
- Entender la estacionalidad en tu sector de negocio

Miedo a los cambios en las reglas del juego:
- Desarrollar tolerancia a la ambigüedad
- Mantener una base actualizada de información continua
- Fomentar comunicación constante con clientes, proveedores y colaboradores
- Lograr flexibilidad en las operaciones y las estrategias para poder adaptar fácil la operación a cualquier cambio en el mercado
- Desarrollar un pensamiento analítico

Miedo a la competencia:
- Conocer y analizar a tu competencia
- Buscar valor agregado para tus clientes
- Enfocarte en tus fortalezas
- Enfocarte en tu nicho
- Buscar diferenciación
- Buscar la excelencia

Miedo a los problemas operativos:
- Contar con listas de chequeo y control de calidad
- Realizar regularmente reuniones de control de estatus de proyectos
- Preparar minutas de reuniones
- Automatizar procesos
- Usar agendas y listas de tareas
- Desarrollar comunicación asertiva

Miedo a sentirse incapaz:
- Analizar con cuidado las destrezas que se requieren para tener éxito y determinar si realmente las dominas
- Obligarte a aceptar halagos y reconocimientos
- Evitar el perfeccionismo y aceptar que los errores y fracasos son parte de la vida
- No compararte con otros
- Listar y celebrar tus logros

- Identificar y reconocer el valor que te hace único, a ti y a tu emprendimiento,
- Asumir más riesgos, controlados
- Desarrollar más confianza en ti mismo
- Desarrollar autocompasión

Miedo a sentirse fracasado:
- Planificar con el rigor adecuado
- Fijar objetivos intermedios que te conduzcan a la meta final y que puedas ir alcanzando progresivamente
- Hacer un análisis de escenarios y un árbol de decisiones
- Estar preparado para la eventualidad de que el fracaso ocurra
- Eliminar el drama y las connotaciones negativas del fracaso

Miedo a sentirse incómodo:
- Tragar grueso y plantarle cara al miedo
- Desarrollar la confianza en ti mismo
- Prepararte para las nuevas experiencias
- No salir de tu zona de confort a improvisar
- Probar hacer cosas con miedo

Miedo a ser juzgado:
- Conocerte a ti mismo
- Trabajar fuerte en tu autoestima y en tu confianza en ti mismo
- Confiar en tu intuición y en tus pasiones
- Invertir en ti mismo
- Apagar tu voz de crítica interna
- Aceptar que siempre habrá alguien que criticará, no importa lo que hagas
- Evitar que lo que los demás piensan de ti te afecte emocionalmente
- Tratar de que lo que lo demás piensan de ti no se convierta en la guía de tus decisiones
- Dejar de juzgar a otros

Si analizamos el listado anterior, que encontramos detallado y explicado en cada capítulo individual, podemos darnos cuenta de que hay algunas estrategias globales, comunes, que se expresan de forma particular en cada caso, pero que en fondo responden al mismo fundamento. Vamos a identificarlas:

1. **Planifica, planifica, planifica:** No me voy a cansar de darte este consejo. La planificación adecuada es la herramienta número uno, ya que, a mayor planificación, menos incertidumbre y mayor control. En consecuencia, menos miedo. Sea planificación financiera, de operaciones, de mercadeo, la que requieras según el problema específico que enfrentes, es indispensable que cuentes con ella. Pero, ojo, no solamente es suficiente que tengas una planificación. El plan es un ente con vida y es una herramienta de trabajo. No es un adorno para colgar en la pizarra y sentirte bien por lo organizado que eres. Los planes deben revisarse regularmente. Deben preverse mecanismos de control de calidad y seguimiento para asegurar que el plan se cumple y, si no se cumple, hacer ajustes. Los planes deben cambiar, progresar y ajustarse acorde con las circunstancias, para poder alcanzar el objetivo. Así que planifica y da seguimiento a tu planificación.

2. **Busca toda la información que requieras, y un poco más:** Y analízala formalmente. La mejor forma de reducir la incertidumbre es saber qué esperar o qué puede pasar. Entonces, sea conocer tu mercado, conocer a tu competencia, conocer la tecnología adecuada o conocerte a ti mismo, dependiendo del miedo que te esté frenando en este momento, el recopilar información, estudiarla y analizarla es una herramienta fundamental. Así que: Investiga y analiza.

3. **Estudia y aprende cada día:** El estudio y la formación constante son indispensables e intrínsecos al emprendedor. El aprendizaje es una actividad que nunca debemos (ni queremos) detener. Cada

nuevo proyecto, cada nuevo reto, posiblemente se nos presenta con áreas de conocimiento que desconocemos y, si queremos enfrentarlos con éxito, son vacíos que debemos llenar con nuevos aprendizajes. Tú me dirás, *"Eso le ocurre a todo profesional, sea o no emprendedor".* Y es cierto. Cada profesional, si desea ser exitoso en su especialidad, debe mantenerse estudiando y actualizándose constantemente. Lo que es diferente para el emprendedor, es que debemos formarnos en campos más diversos, muchos de ellos incluso fuera de nuestra área de especialización. Esto implica que los emprendedores debemos marchar por la vida con una actitud de avidez por el aprendizaje, dispuestos a escuchar, descubrir y aprender. Debemos disfrutar el proceso educativo, buscarlo activamente e incorporarlo como parte de nuestra diaria rutina. Así que: Estudia diariamente, nunca dejes de aprender y prepararte.

4. **Trabaja en fortalecer tu autoconfianza y autoestima:** Conoce tus fortalezas y debilidades y capitaliza sobre ellas, aprende a sentirte orgulloso de lo que eres y de lo que has logrado. No te compares con otros ni busques siempre validación y aprobación de otros. Cuando tienes confianza en ti mismo y te valoras por lo que eres y lo que te hace único, aprendes a manejar mejor la incertidumbre, encuentras más fácilmente las oportunidades, alcanzas mejor tus metas, eres menos vulnerable a las opiniones de los demás y encuentras más fácilmente soluciones alternativas y creativas a los problemas que enfrentas. Todo ello, conduce a un incremento de las probabilidades de éxito de tu emprendimiento. Así que: Quiérete a ti mismo y acepta que eres fuerte y capaz.

5. **Trabaja en fortalecer tu autocompasión:** Cultiva una actitud amable y comprensiva hacia ti mismo. Practica la conciencia plena (mindfulness), Reconoce que eres un ser humano, sujeto a cometer errores y enfrentar desafíos. Trátate a ti mismo como actuarías con un amigo que está en problemas o que sufre. Ten

paciencia contigo mismo, perdónate, practica la gratitud y, si es necesario, busca apoyo.

6. **Avanza a pasos pequeños y progresivos:** Para superar cualquiera de los miedos que hemos analizado, no es necesario que te propongas la meta más alta en el primer intento. Eso solamente hace más difícil atreverte. Fracciona la meta en metas más pequeñas. Asume riesgos controlados y pequeños, progresivamente. Cada paso hacia adelante se convertirá en un logro que te permitirá avanzar en la dirección correcta, y al mismo tiempo se convertirá en motivación y ayudará a enriquecer tu confianza y autoestima. Con cada logro pequeño te sentirás menos vulnerable y sentirás mayor control. En consecuencia, irás progresivamente reduciendo tu miedo. Así que da pasos pequeños, pero constantes.

7. **Pide ayuda cada vez que sea necesario.** No hay nada malo ni vergonzoso en pedir ayuda cuando hace falta. Nadie espera que seamos capaces de hacer todo, y hacerlo bien. Si requieres un experto en finanzas, en mercadeo, o si necesitas un mentor que te asesore, no dudes en buscarlo. Lo que inviertes, en tiempo y dinero, en ayuda especializada, se revierte en beneficio para tu negocio al mejorar su competitividad en el mercado e incrementar sus posibilidades de éxito. Así que busca asesoría especializada si te hace falta.

Pero, sobre todo, comienza por reconocer tus miedos
y aprende a aceptarlos para que puedas moderarlos y
maniobrarlos. Sólo así podrás superarlos.

Plan de acción

Ya que hemos llegado a este punto, espero que puedas estar más claro respecto a los miedos que te agobian en este momento en relación con tu emprendimiento y que hayas identificado algunas estrategias que pueden ayudarte. Te felicito. Pero, te falta un último paso. Nada de lo que hemos aprendido acá será útil si no lo ponemos en práctica y ¿Adivina qué? Toca hacer un plan.

1. Revisa tu escalera de miedos que realizamos en el capítulo anterior.

2. Identifica el miedo que más te impacta en este momento.

3. Revisa las estrategias para ese miedo en la tabla anterior y revisita el capítulo. Reléelo, ahora con una nueva visión, tratando de entenderlo mejor y de pensar en acciones que puedes tomar para superarlo.

4. Prepara un formato con tres columnas. En la primera coloca el título "Acción", en la segunda el título "Fecha de terminación" y en la tercera el título "Completado".

5. Anota en el tope el miedo específico que deseas controlar y superar.

6. En la primera columna, escribe tres acciones específicas que piensas tomar para superarlo, en base a las sugerencias de estrategias que te he hecho.

7. En la segunda columna, coloca una fecha específica en la que esa acción va a estar realizada.

8. Y lo más importante: Revisa el documento regularmente, para validar que estás haciendo lo necesario. Haz ajustes si hace falta

y felicítate una vez que puedas colocar una marca en la tercera columna indicando que está "Completado"

Vuelve a realizar los ejercicios de estos últimos dos capítulos cada vez que sientas algún miedo en tu camino como emprendedor. Recuerda que los miedos siempre van a aparecer. Dales la bienvenida. Escucha la alerta que te traen. Pero no permitas que los miedos te den ningún consejo sobre las decisiones a tomar. Acéptalos, agradece que los tienes, y procede de inmediato a diseñar un plan de acción para superarlos.

Gracias por confiar en mí y en este libro. Espero que estas estrategias te ayuden ahora y en tu futuro como emprendedor. Te deseo muchísimos éxitos.

APENDICE

Metodología para el análisis estadístico del estudio global sobre los miedos del emprendedor

Marzo-mayo 2023

En esta sección te expondré brevemente la metodología y procedimientos de análisis que se utilizaron en el "Estudio global sobre los miedos del emprendedor" que realicé entre marzo y mayo del 2023 para validar y ajustar el modelo conceptual que te propongo en este libro.

El cuestionario

Una vez que tomé la decisión de profundizar en este tema, más allá de un artículo en el blog, y comencé con el proyecto de escribir este libro, entendí que era indispensable validar ese modelo conceptual con el apoyo de datos empíricos, a través de una investigación. Así, en marzo de 2023 inicié el desarrollo de un cuestionario para llevar a cabo un estudio entre emprendedores.

Para elaborar el cuestionario, desarrollé una batería de 80 ítems en total: 10 ítems para cada uno de los 8 miedos. De esta forma, tenía 40 ítems relativos a miedos a eventos externos y otros 40 relativos a eventos internos.

Cada ítem estaba expresado en términos de una frase con la cual el entrevistado debía ponderar la frecuencia con la que siente ese miedo en específico, utilizando para ello una escala de 4 puntos, como sigue:

- Nunca
- Muy pocas veces
- Con alguna frecuencia
- Muy frecuentemente

A continuación, te coloco algunos ejemplos de algunos de los items:
- *Miedo a que la economía mundial esté mal y afecte mi negocio*
- *Miedo a no ser capaz de llevar mi negocio adelante*
- *Miedo a deprimirme si fracaso*
- *Miedo a perder relaciones familiares o sociales que aprecio a causa de mi negocio*
- *Miedo a que surja una nueva competencia y me saque del mercado*

La pregunta en específico decía: *¿Con qué frecuencia sientes cada uno de los siguientes miedos?* Para cada uno de los 80 ítems el entrevistado debía decidir si ese miedo en cuestión lo siente nunca, muy pocas veces, con alguna frecuencia o muy frecuentemente.

A efectos de evitar posibles sesgos en las respuestas motivados por el cansancio del entrevistado a medida que transcurre el tiempo de respuesta, o por el aprendizaje que ocurre por familiarizarse con la escala, hice una alta rotación de ítems entre cada entrevistado. Los ítems se presentaban en 8 lotes de 10, que tenían aleatoriamente mezclados los relativos a todos los miedos. Los 8 lotes aparecían en orden aleatorio diferente para cada entrevistado y, dentro de cada lote, el orden en que los ítems eran presentados a cada uno variaba también.

Adicionalmente, por supuesto incluí algunas preguntas que me permitieran clasificar a los entrevistados en términos demográficos (sexo, edad, nivel educativo, país de residencia) y en términos de su actividad emprendedora (actividad laboral, dedicación a su emprendimiento, tiempo de desarrollo del emprendimiento en el mercado, sector del emprendimiento).

La recolección de información

El trabajo de campo fue realizado a través de un cuestionario autoadministrado disponible en un enlace online y se obtuvo una muestra por conveniencia. Aunque el cuestionario tomaba sólo 10 a 12 minutos completarlo, la tasa de respuesta completa fue de un 64%. Luego de 2 meses, cerré el campo a mediados de mayo 2023, con una muestra total de n=325 entrevistas, de las cuales n=210 estaban completas. En el proceso de análisis decidí eliminar 4 sujetos cuyas respuestas eran que "nunca" sentía miedo a ninguno de los 80 ítems y trabajé con una muestra final de n=206 personas. De ellos, n=138 fueron emprendedores con un negocio en marcha y n=68 fueron personas con intención de emprender, con planes de proyectos a futuro o en proceso de desarrollo del negocio. Recibí respuestas de emprendedores de habla hispana de 16 países diferentes.

Vale aclarar que el estudio es exploratorio. No pretende ser una muestra representativa de la población de emprendedores de habla hispana. Sin embargo, permitió validar y afinar el modelo conceptual. Es necesario y recomendable continuar con esta línea de estudio en investigaciones subsecuentes, con muestras más grandes, seleccionadas con criterios de aleatoriedad estadística y con una depuración de los ítems a partir de los resultados de este primer estudio exploratorio.

De los procedimientos de análisis de datos

Para el análisis de los datos, se realizaron los siguientes ejercicios:

1. Se asignaron valores numéricos a la escala de evaluación de la frecuencia de aparición de los miedos, como sigue: Nunca=0, Muy pocas veces=1, Con alguna frecuencia=2, Muy frecuentemente=3.

2. Se realizaron dos análisis factoriales de los ítems. Uno con los 40 ítems referidos a miedos a eventos externos y otro con los 40 ítems referidos a miedos a eventos internos. En cada caso se solicitó una solución de 4 factores, utilizando el Método de Componentes Principales con rotación Varimax. Los factores obtenidos explican respectivamente un 57% y un 56% de la varianza en los ítems referidos a eventos externos e internos.

3. Para cada uno de los 8 factores obtenidos con este ejercicio, se sumaron todos los puntos de las respuestas de cada entrevistado para cada conjunto de ítems que conforman el factor. De esta forma se obtuvieron 8 puntuaciones por entrevistado, una para cada uno de los 8 miedos.

4. Aunque originalmente se habían desarrollado 10 ítems por cada miedo, luego del análisis factorial algunos terminaron con sólo 7 ítems mientras que otros tenían 10 o hasta 14. A fin de eliminar sesgos debido a la cantidad de ítems en cada factor se creó una nueva variable que se denominó "Intensidad del miedo", la cual es una relación entre los puntos totales obtenidos por ese sujeto en el factor y la puntuación máxima posible de dicho factor (si el factor, por ejemplo, tiene 9 ítems, la puntuación máxima sería 3x9=27, en caso de que la persona respondiera que siente todos esos 9 miedos "Muy frecuentemente"). La intensidad del miedo entonces es un valor entre 0 y 1 donde 0 es ausencia de miedo y 1 es miedo máximo.

Se analizaron cada uno de los 8 miedos en esta nueva variable "intensidad del miedo". Igualmente se calculó la intensidad para el total de miedos externos, para el total de miedos internos, y para el total de los 80 miedos juntos. Luego se analizó esta variable intensidad no sólo sobre la muestra total sino en los subgrupos demográficos. Si, por ejemplo, encontramos que un miedo en particular obtiene 0.56 de intensidad entre, por ejemplo, las personas menores de 45 años, significa que en promedio los emprendedores entre esas edades sienten un 56% del miedo total posible en ese miedo particular.

5. Se hizo un segundo análisis con estos datos, que permitió establecer la importancia relativa de cada uno de los miedos. Este análisis se hizo con la finalidad de identificar no solamente los de mayor intensidad sino su relación con los demás. Para esto, se calculó una relación entre los puntos obtenidos por ese miedo en particular y todos los puntos obtenidos por todos los miedos. De esta forma, se pudieron identificar los porcentajes de importancia relativa de los 8 miedos. Todos juntos suman el 100% de todos los miedos reportados por la muestra total y el porcentaje de cada miedo indica su importancia relativa respecto a los otros 7 miedos restantes.

6. Se trató de identificar grupos homogéneos de entrevistados en base a esta variable creada llamada "intensidad del miedo" a fin de validar la existencia de diferentes tipos de emprendedores en función de sus miedos. Para ello se realizó un análisis de clusters mediante procedimiento k-means, utilizando solamente las 8 variables de intensidad de cada uno de los miedos. Se obtuvieron 3 grupos diferenciados que se analizaron separadamente.

Los resultados

Puedes descargar un documento infográfico con el resumen de los principales resultados en el siguiente enlace:

celiasoonets.com/los8miedosdelemprendedor

Si deseas mayor información o detalle, puedes contactarme enviando un correo electrónico a celia@eslabonesdenegocio.com. Con gusto trataré de satisfacer tus inquietudes en este sentido que no hayan quedado aclaradas con las explicaciones previas.

Agradecimientos

A **Gerardo Díaz**, quien estuvo apoyándome en este proyecto desde el primer día y hasta el último. Sus sabios consejos y sugerencias, y las interesantes discusiones sobre los temas del libro y sobre la investigación que lo apoya, enriquecieron enormemente el contenido y calidad de este libro. Mi primer lector.

A **Andrea Díaz** y **Geradine Díaz**, quienes con entusiasmo me escucharon, apoyaron y orientaron con sus opiniones, cada vez que necesité conversar sobre los temas del contenido del libro o sobre la aventura de publicarlo, además de leerlo y darme sugerencias antes de tener la versión final.

A **Silvia Soonets**, **Yunaimy Martinez** y **Gerardo Zavarce**, quienes se tomaron la molestia de ser los primeros lectores y revisar el primer borrador con dedicación y cuidado.

A **Annette Levesque**, compañera de camino en el proceso de publicación, cada una con su propia obra, con quien compartí muchas sesiones de trabajo de mutuo aprendizaje.

A **Soledad Morillo Belloso**, quien hizo una impecable y concienzuda edición ortográfica y gramatical para asegurar la calidad de la escritura.

A los emprendedores que desinteresadamente respondieron a la encuesta cuyos resultados permitieron validar el modelo que presento en este libro.

Gracias de corazón

Referencias

Algunos de los libros y documentos que formaron parte del proceso de investigación para la elaboración del este libro:

Albrecht, Karl (2015). *Inteligencia práctica*. B. De Books. Barcelona.

Barbabosa, Rafael; **Gomez** Esmeralda; **Daza**, Alexa; **Angeles**, Samuel (2021). *Psicología del miedo*. Boletín de la Universidad de Granada. Granada.

Bedoya Dorado, Cristian (2012). *El uso del miedo como herramienta de gestión y los efectos en los seres humanos y la organización*. Universidad del Valle. Santiago de Cali.

Budner, Stanley. (1962). *Intolerance of ambiguity as a personality variable. Journal of Personality*, 30 (1), 29–50. Connecticut.

Chaplin, J.P. (1968): *Dictionary of Pshychology*. Third edition. 1985. Bantam Dell.

Delgado Reyes, Andrés Camilo; **Sánchez López**, Jessica Valeria (2019). *Miedos, fobias y sus tratamientos*. Revista Electrónica de Psicología Iztacala, 22 (2). Tlalnepantla.

Ekore, John; **Okekeocha**, Ogochukwu (2012). *Fear of entrepreneurship among University Graduates: A Psychological Analysis*. International Journal of management. Vol 29, N° 2, Part 1. England.

Frenkel-Brunswick, Elsa (1949). *Tolerance toward ambiguity as a personality variable*. Journal of Personality, 18. Connecticut.

Gielnik, Michael; **Cardon**, Melissa; **Frese**, Michael (2021). *The Pshychology of Entrepreneurship. New perspectives*. SIOP. Society for Industrial and Organizational Psychology. Routledge. New York.

Hayton, James; **Cacciotti**, Gabriella; **Giazitzoglu**, Andreas; **Mitchell**, Robert; **Ainge**, Chris (2013). *Understanding fear of failure in entrepreneurship: A cognitive process framework*. Enterprise Research Center. Boston.

Hemmi, Matti (2013). *¿Te atreves a soñar?: Ponle fecha de caducidad a tu sueño y sal de tu zona de confort*. Ediciones Paidós. Barcelona.

Jeffers, Susan (2007). *Aunque tenga miedo, hágalo igual*. Ediciones Robinbook. Barcelona.

Jericó, Pilar (2006). *NoMiedo en la empresa y en la vida*. Alienta Editorial. Barcelona.

Leary, M. R. (1983). *A Brief Version of the Fear of Negative Evaluation Scale*. Personality and Social Psychology Bulletin, 9(3), 371–375.

McClelland, David (1987). *Human Motivation*. Cambridge University Press. Cambridge.

Oros, Laura Beatriz (2005). *Locus de control: Evolución de su concepto y operacionalización*. Revista de Psicología de la Universidad de Chile. Vol. XIV, N° 1. Santiago de Chile.

Plutchik, Robert (2003). *Emotions and Life: Perspectives from Psychology, Biology, and Evolution.* American Psychological Association. Portland.

Reyes-Sosa, Hiram y **Molina-Coloma**, Verónica (2018). *Análisis psicométrico de una escala para medir el miedo al delito en jóvenes ecuatorianos.* Universidad del País Vasco, San Sebastián, España. Acta. colomb.psicol. 21 (1): 290-299

Rotter, Julian (2017, Reprint of 1954). *Social Learning and Clinical Psychology.* Martino Fine Books. Connecticut.

Segura, J. A. (2019). *El emprendimiento y sus temores más frecuentes.* Universidad Militar Nueva Granada. Bogotá.

Vera-Martínez, Juan José (2020). *Las emociones del miedo, efectos en las organizaciones. Apuntes para las quejas en la comunidad universitaria.* Revista RUEDA, Nº 5. Murcia.

Vila, Jaime; **Guerra**, Pedro; **Muñoz**, Miguel, **Perakakis**, Pandelis; **Delgado**, Luis Carlos, **Figueroa**, Marlen; **Mohamed**, Sofia (2009). *La dinámica del miedo: la cascada defensiva.* Escritos de Psicología. Universidad de Granada. Granada.

Acerca de la autora

Celia Soonets es graduada en Artes y en Psicología Social de la Universidad Central de Venezuela, con una maestría en Administración de Negocios de la UQAM (L'Université du Québec à Montréal).

La mayor parte de su carrera profesional ha sido en el mundo de la investigación de mercados, mercadeo y consultoría. Inició su carrera en el mundo corporativo, en 1987, donde alcanzó luego de 8 años posiciones directivas.

Posteriormente, se movió a desarrollar negocios propios, siempre en el área de investigación de mercados, como socia de Emevenca, una empresa mediana/grande, que inició con oficinas en Venezuela y actualmente presta servicios en la República Dominicana, Jamaica y Trinidad. Cuenta con experiencia de más de 30 años en el mercado.

En el 2006 inicia una microempresa de diseño de joyas, Soonets Jewelry, en la que trabajó paralelamente, de forma independiente, hasta el año 2019.

En 2019 inicia un blog para microempresarios: Eslabones de Negocio (eslabonesdenegocio.com). Con este blog comparte regularmente temas sobre valores, actitudes y hábitos que contribuyen al éxito del emprendedor, así como herramientas para lograr un desempeño más eficiente.

Ha tenido experiencias dentro de tres entornos de negocio diferentes: en el corporativo como empleada, en la empresa privada como socio de una empresa mediana/grande y en la empresa privada como microempresaria en proyectos en los que ha trabajado básicamente sola. Esto le ha brindado una visión amplia de las diferentes aristas del mundo de los negocios en cada uno de estos niveles.

Está certificada para la administración y análisis del EMP (Entrepreneurial Mindset Profile), una herramienta del Eckerd College (Florida, USA), para evaluar el perfil de las personas a lo largo de dimensiones de personalidad y desempeño vinculados al emprendimiento, a fin de ayudar a entender fortalezas y oportunidades de desarrollo de emprendedores.

Con "La Rueda de los 8 Miedos del Emprendedor", su primer libro, inicia su aventura como escritora.